산림정책과 산림문화 역사성 규명을 위한

국역 유산기

國譯 遊山記

산림정책과 산림문화 역사성 규명을 위한
국역 유산기 - 경기도(큰글자도서)

초판인쇄 2023년 5월 31일
초판발행 2023년 5월 31일

지은이 국립수목원
발행인 채종준
발행처 한국학술정보(주)

주소 경기도 파주시 회동길 230(문발동)
문의 ksibook13@kstudy.com
출판신고 2003년 9월 25일 제406-2003-000012호
인쇄 북토리

ISBN 979-11-6983-380-6 93910

정부간행물발간등록번호
11-1400119-000227-10

산림역사 자료 연구총서 2 - 경기도

산림정책과 산림문화 역사성 규명을 위한

국역 유산기

國譯 遊山記

국립수목원 편저

　　우리나라는 국토의 64%가 산으로 이루어져 전국에 걸쳐 명산과 문화 유적들이 두루 산재해 있습니다. 특히 조선시대 선비 및 유학자들은 수도인 한양의 주변으로 자연경관이 수려한 삼각산(북한산), 수락산, 관악산, 남산 등을 노닐며, 그 자연속에서 자연의 위대함을 배웠을 것입니다.

　　이번에 발간한 경기도 유산기는 서울·경기 지역 산림역사자료의 유형별 분류 및 활용에 관한 연구의 일환으로 경상북도산림과학박물관에서 조사한 총 117편의 조선시대 선비들이 남긴 글 중 20편을 발췌 번역한 귀중한 자료입니다.

　　유산기는 말 그대로 산수 간을 노닌 일을 기록한 것입니다. 이를 통해 우리 선조들의 유교문화와 산림문화의 오묘한 만남을 발견할 수 있습니다. 산수유기를 통해 주체의 관찰과 행위를 알 수 있으며, 자연 앞에 인간의 왜소함을 돌아보는 겸허를 배웁니다. 솜씨 좋은 사진을 보듯 펼쳐지는 경관, 꼼꼼하고 치밀한 선인들의 기록정신, 봉우리의 유래와 산비탈의 모습과 능선의 굴곡이 눈앞에서 펼쳐집니다.

　　이처럼 아름다운 경기 지역의 명산 유산기를 한 권의 책으로 담아 봅니다. 아무쪼록 등산 가방 하나 둘러메고 경기 지역의 산야를 찾는 이들에게 우리 전통

산림문화를 이해하는 길잡이가 될 수 있기를 기대합니다. 아울러 이 책의 발간을 통해 창조적 산림휴양문화의 복원과 조선시대 생활사, 사회사, 지성사, 문화사의 소중한 기초연구자료로 활용되었으면 하는 작은 바람도 있습니다. 마지막으로 이 책이 나오기까지 고생하신 모든 분들께 진심으로 감사의 인사를 올립니다.

2014년 12월
국립수목원장 이유미

| 목차 |

머리말 … 004

1

유삼각산기

遊三角山記

이정구 李廷龜

이정구(李廷龜): 1564(명종 19)~1635(인조 13). 조선 중기의 문신 · 문인. 본관은 연안(延安). 자는 성징(聖徵), 호는 월사(月沙) · 보만당(保晩堂) · 치암(癡菴) · 추애(秋崖) · 습정(習靜). 시호는 문충(文忠)이다. 세조 때의 명신인 석형(石亨)의 현손이며 아버지는 현령 계(啓)이고, 어머니는 김표(金彪)의 딸이다. 윤근수(尹根壽)의 문인이다. 이정구는 문장으로 이름 높던 가문에서 출생해 가문 내에서의 가르침을 통해 성장한다. 유년 시절부터 남다른 문학적 자질을 보이기 시작해 8세에 벌써 한유(韓愈)의 「남산시(南山詩)」를 차운(次韻)했다고 전한다. 그는 왕의 신임을 받아 병조판서 · 예조판서와 우의정 · 좌의정 등 조정의 중요한 직책을 두루 역임했다. 이정구의 생애는 어디까지나 조정의 관리로서 소임을 다하는 것이었으므로, 그는 치군택민(致君澤民: 임금을 도와서 백성을 윤택하게 한다)의 이상과 이문화국(以文華國: 글로써 나라를 빛낸다)의 관인문학을 성실히 몸으로 실천해갔다. 이 점에서 그는 사대부 문학의 전범(典範: 모범)을 보였다. 한편으로 그의 문학은 이웃 나라와의 돈독한 관계를 위한 외교에 있어서 문학이 가지는 쓸모를 십분 발휘한 것으로 일단의 의의를 갖는다. 그러나 문학 자체의 독자적 영역을 넓히고 진실된 감정과 사상을 표현하는 면에서는 다소 미흡한 점이 있다는 평가도 아울러 받고 있다. 시문집으로는 그의 문인인 최유해(崔有海)가 편간한 『월사집(月沙集)』 68권 22책이 전한다.

해제解題

「유삼각산기遊三角山記」는 이정구李廷龜, 1564~1635의 문집인『월사집月沙集』 권38의 기記에 수록되어 있다. 중흥사重興寺의 노승老僧 성민性敏과 삼각산을 유람하기로 오래전 약속했었는데, 계묘년1603에 때마침 그가 보낸 편지를 받고서는 성민과 신응구申應榘, 1553~1623 등 여러 지인들과 함께 늦가을의 삼각산의 단풍을 구경한 내용을 적은 것이다. 월대月臺·향옥탄響玉灘를 지나 백운대白雲臺에 올라가면서 붉게 물든 단풍잎과 푸른 소나무, 노란 국화로 인해 무릉도원의 모습과 비슷한 계곡의 경치에 감탄하고, 피리와 술을 함께 곁들여서 신선들처럼 노니는 모습을 기록하고 있다.

국역國譯

금강산에서 돌아온 뒤로 나의 마음이 쓸쓸하여 즐겁지 않으니, 참으로 당唐나라 사람이 이른바 "고개를 돌려 현산峴山을 바라보니, 마치 고향을 이별한 사람 같구나"[1]라는 격이었다. 한 해 동안 예부禮部에서 문묵文墨의 업무를 담당하느라 더욱 마음이 답답해지자, 세 번의 상소를 연이어 올려 관직을 그만두길 청하였다. 그리고 서실書室에 홀로 앉아 있었는데 문 밖에서 문득 인기척 소리가 들렸다. 누구인지 물어보았더니 바로 중흥사重興寺의 노승老僧 성민性敏과 사미沙彌[2] 천민天敏이었다. 성민은 나의 불가佛家의 벗으로, 삼각산을 유람하기로 서로 약속한 지가 오래이다. 그가 보낸 편지에, "산속에 늦가을 서리가 내

---

1) 고개를 …… 같구나: 당(唐)나라 때의 시인 전후(錢珝)의 「강행무제(江行無題)」라는 시에 나오는 구절이다.
2) 사미(沙彌): 막 출가(出家)하여 십계(十戒)를 받기는 했으나, 아직 수행을 쌓지 않은 어린 남자 승려를 지칭하는 말이다.

려 단풍잎이 한창 무르익었는데, 며칠이 지나면 시들 것입니다. 만일 방문할 마음이 있으면 이때를 놓치지 마십시오"라고 하였다. 나는 한창 멀리 봉래蓬萊[3]를 생각하며 훨훨 바람을 타고서 정처 없이 노닐고 싶은 마음이 있었으므로, 이 편지를 받고서 마음을 제어할 수가 없어 곧장 신발을 정비하고 길을 떠났다. 그러나 홀로 가려니 매우 쓸쓸했는데, 한창 생각하는 와중에 신자방申子方[4] 어른이 마침 편지를 보내왔다. 나는 답장을 보내 다음과 같이 말하였다. "산승山僧이 단풍과 국화를 구경하자고 나를 초대하여 내가 지금 떠나려 하니, 그대도 만약 갈 마음이 있다면 홍제교弘濟橋에서 서로 기다리지요. 또 산속에서 피리가 없어서는 안 되니, 그대 집안의 적노笛奴를 데리고 오면 좋겠네요." 이른바 적노라고 한 것은 바로 억량億良으로 서울에서 피리 부는 것으로 이름이 났는데, 또한 나와도 예전부터 아는 사람이다. 편지를 부치고 생각하니, 신장申丈이 나에게 편지를 보낸 것과 내가 신장에게 가자고 요청한 것은 모두 미리 약속한 것이 아니었으므로, 그가 갈 것을 확신할 수 없었다. 이웃에 계성도정桂城都正인 자제子齊가 있으니, 풍류와 지혜가 뛰어난 공자公子이다. 심부름꾼을 보내 가자고 하였더니 즉시 허락하고, 심부름꾼이 돌아오는 길에 나란히 왔고, 사위 박대건朴大健도 따라왔다. 때는 계묘년1603 9월 15일이었다.

천민이 길을 인도하고, 나와 자제는 각각 술 두 통, 말 한 필과 어린 종 한 명을 데리고서 얼굴을 가리고 가니, 알아보는 사람이 없었다. 길에서 종자 한 명을 보내 적공笛工 이산수李山守를 불러오게 했는데, 종자가 돌아와서 이렇게 말했다. "악사樂師 이용수李龍壽에게 물었더니, 이산수가 없다고 했습니다." 나와 자제가 서운해 하며 갔는데, 홍제교弘濟橋에게 이르러 자방도 오지 않았으므로 또 서운해 하였다. 그런데 중흥사의 석문石門에 이르니, 자방이 돌 위에 앉아서

---

3) 봉래(蓬萊): 전설 속에서 신선이 살았다고 전해지는 봉래산(蓬萊山)을 가리킨다.
4) 신자방(申子方): 신응구(申應榘, 1553~1623).

환영하며 이렇게 말했다. "어째서 이렇게 늦었소? 우리가 기다린 것이 오래되었소. 다만 적노는 이미 다른 이를 따라 잔치에 갔다고 하니, 그대의 편지가 늦게 온 것이 안타깝구려." 나는 뜻밖에 자방을 만난 것이 다행스러워 다른 생각을 할 겨를이 없었다. 길을 가서 민지암閔漬巖 입구에 이르자 피리 소리가 계곡 사이에서 흘러 나왔는데, 자세히 들어보니 억량의 피리 소리와 비슷했다. 종자가 가서 엿보았는데 과연 억량이었으니, 바야흐로 신평천申平川 등 여러 공들을 따라서 연회에 참석하고 있는 중이라 했다. 나는 종자를 보내 같이 가자고 말해두고 길을 떠났다.

절 문 앞에 도착하니 해가 막 저물었다. 성민과 여러 중들이 허겁지겁 달려와 맞이하여 월대月臺에 앉았다. 자제는 매우 목이 말라 술통을 풀어 시원한 술 한 사발을 들이켜고서들이키는 건 물건을 안으로 들여 놓다는 의미 나에게도 함께 먹자고 권하였다. 이때 갑자기 피리 소리가 멀리서부터 들려와 가까워지더니, 이윽고 한 사람이 와서 절하였는데, 살펴보니 억량이었다. 어떻게 빠져나올 수 있었냐고 물으니, 억량이 이렇게 말했다. "종자의 말을 듣고 감히 늦을 수가 없어 배가 아프다는 핑계를 대고 샛길을 따라왔습니다." 나와 제군들은 박수를 치며 몹시 기뻐했으니, 곧 한 곡조를 불게 하고 큰 술잔을 상으로 주었다. 조금 지나자 달이 이미 앞의 산봉우리 위로 떠올랐다. 가을 하늘이 공활하여 구름 한 점 없었고, 산은 텅 비고 계곡은 고요하여 천지간 모든 소리가 다 잦아들고 피리 소리가 맑게 울려 퍼졌으니, 마치 구령緱嶺에서 들려오는 듯하였다.[5] 밤이 깊어 승방僧房에서 함께 묵으며 등잔불을 밝히고 누워서 얘기를 나누니, 마치 글공부를 하던 어린 시절로 돌아간 듯하였다.

---

5) 마치 …… 듯하였다: 구령(緱嶺)은 구씨산(緱氏山)을 가리킨다. 주(周)나라 영왕(靈王)의 태자 왕자교(王子喬)는 생황을 불어 봉황의 울음소리를 잘 냈다. 선인(仙人) 부구공(浮丘公)을 따라 숭고산(嵩高山)으로 올라가 선술(仙術)을 배웠다. 30여 년이 지난 뒤, 왕자교는 구씨산(緱氏山)에서 백학을 타고 생황을 불며 구름 사이로 사라져 신선이 되었다고 한다.

아침 일찍 일어나 산영루山映樓의 옛터로 걸어서 내려갔다가, 이어서 향옥탄響玉灘을 찾아갔다. 때는 첫 서리가 내린 지 겨우 며칠 밤이 지난 터라 단풍잎은 성성이의 피로 물들인 듯이 붉었으며, 푸른 소나무와 노란 국화는 계곡 골짜기에서 아름다움을 다투었으니, 참으로 비단으로 수놓은 세계였다. 나는 자방에게 말하길, "성민이 저를 속이지 않았군요"라고 하였다. 그러자 자방이 웃으며 말하길, "그대도 나를 속이지 않았소"라고 하였다. 나는 "그대도 또한 약속을 저버리지 않았습니다"라고 말하고, 마침내 서로 한바탕 웃었다. 삼각산을 우러러보니 푸른빛으로 우뚝 솟아 있었다. 중을 불러 백운대白雲臺로 가는 길을 물으니, 중이 말하길, "난리 뒤로 왕래가 전혀 없어 길이 끊어진 지 오래되었습니다. 비록 상주常住하는 중이라도 또한 한 번도 본 적이 없고, 다만 노적봉露積峯에 나무꾼이 다니는 길이 희미하게 있지만 꼭대기는 올라가기 어렵습니다"라고 했다. 내가 자방에게 말하길, "우리는 모두 이미 백발이 되었고 이번 여행도 또한 우연히 온 것이니, 이번에 이 봉우리를 오르지 않는다면 훗날 반드시 오를 것이라 기약할 수 있겠는가?"라고 했다. 그러자 자방이 말하길, "내 나이가 그대보다 열 살이나 많으니, 어떻게 위험한 봉우리를 오를 엄두를 내겠는가?"라고 했다.

아침 식사를 마치고 절 뒤의 작은 암자에 올랐다. 박생朴甥이 좁은 길을 찾아서 노적봉에 오르려고 하기에, 나도 지팡이를 짚고 그를 따라갔다. 자방이 자제에게 말하길, "어찌 차마 우리 두 사람만 뒤에 남아서 월사月沙에게 놀림을 받을 수 있겠는가?"라고 하였다. 그리고 마침내 앞서거니 뒤서거니 하며 산을 올랐다. 괴이한 돌이 길에 이리저리 솟아 있어 열 걸음에 아홉 번을 넘어졌다. 봉우리 아래에 이르니, 바위가 험준하고 길이 비스듬히 나 있어 발을 붙일 곳이 전혀 없었다. 천민과 두 중이 먼저 올라가 바위의 틈을 따라 나무를 사용하여 사다리를 만들고 허리띠를 늘어뜨려 이끌어 주어 그 끈으로 몸을 묶고서 올라갔다. 그리하여 비로소 가장 꼭대기에 오를 수 있었으니, 꼭대기는 비좁아 겨우 10여 명이 앉을 수 있었고, 아득하여 내려다볼 수가 없었다. 눈을 감고 정신을 안정시키고서 부축하며 서로 의지하여 조금 쉬었다가 바라보니, 서남쪽의 큰 바다가 멀리 산동 땅으로부터 이어져 있고[6] 뜬구름과 지는 해에 은세계가 망망하게 펼쳐져 있으니, 시력에는 한계가 있지만 전망은 끝이 없었다.

기록할 만한 것은 다음과 같다. 수락산水落山·아차산峨嵯山·관악산冠岳山·청계산淸溪山·천마산天磨山·송악산松岳山·성거산聖居山 등 여러 산이 작은 언덕처럼 겹겹이 솟아 있었다. 월계月溪의 산골짜기가 갈라져 거센 물결이 서쪽으로 쏟아지며, 한강 일대는 마치 흰 명주를 펼쳐 놓은 듯이 구불구불 굽이쳐 왕도王都를 둘러싸고 있었다. 멀리 있는 봉우리와 어지럽게 흩어져 있는 섬들이 구름 사이로 은은하게 보였는데, 늙은 중이 그것을 가리켜 나에게 보여주면서 말하길, "저것은 아무개 산이고, 이것은 아무개 강입니다"라고 했다. 나는 그때에 황홀하여 분간하지 못하고서 그저 "네, 네"라고 대답할 뿐이었다. 도성의 백만 집들은 매우 가까이 있지만 볼 수 없었고, 다만 발아래에 밥 짓는 연기가 점점이 피어오르는 한 폭의 살아있는 그림을 볼 뿐이었다. 구름 사이로 하나의 상투 같은 모습을 드러냈으니, 이는 종남산임을 알았다. 마른 목구멍에 먼지가 일 정도로 갈증이 나서 급히 술통을 풀어 목을 축였는데 흥이 무르익어 몇 병을 다 마셨다. 나는 취해서 노래를 부르고 자제는 일어나서 춤을 추었으며, 피리 소리가 바람을 따라 높은 하늘로 흩어져 들어가 마치 유안劉安의 닭과 개가 흰 구름 속에서 울음소리를 내는 것[7]처럼 황홀하였으니, 참으로 꿈속에 삼청

---

6) 산동 …… 있고: 산동(山東) 반도에 청주(青州)와 제주(齊州)가 있으므로, 두 지명의 합칭인 '청제(青齊)'가 산동 반도를 가리키는 말로 쓰이게 되었다.

7) 유안(劉安)의 …… 것: 『신선전(神仙傳)』에 "회남왕(淮南王) 유안이 임종할 때 먹고 남은 단약(丹藥) 그릇을 뜰에 놓아두었더니, 닭과 개가 핥아 먹고 모두 신선이 되어 하늘로 올라갔으므로, 천상에서 닭이 울고 구름 속에서 개가 짖었다"라고 하였다.

三淸[8]에서 노니는 것 같았다. 앉아서 멀리 석문石門 위를 바라보니, 마치 누구를 부르는 듯이 머리를 들고 흰옷을 휘두르는 사람이 있었는데, 우리는 그것을 의아하게 여겼으나 영문을 알 수 없었다. 때문에 흥이 다하여 산을 내려왔는데, 술병도 또한 비었다. 돌아오는 길엔 걸음이 나는듯하여 잠깐 사이에 벌써 절에 도착하였다. 머물렀던 봉우리를 돌아보니, 다른 세상인 것처럼 아득하였다.

중들이 연포軟泡[9]를 장만하여 밥을 권하였다. 부들방석에 누어서 쉬고 있는데 문득 어떤 사람이 찾아와 이렇게 말하였다. "저는 노악사 이용수李龍壽의 제자 아무개입니다. 선생님께서 어제 종자가 적공笛工을 찾은 것으로 인해, 종백宗伯 어른께서 이곳에 오셨다는 것을 알았습니다. 오늘 아침 금수琴手 박 아무개와 함께 술을 신고 민지암에서 기다리고 있다가 여러 공이 반공중半空中에 계신 것을 멀리서 보고 아마 오래도록 내려오지 않으실 것 같았습니다. 좀 전에 옷을 휘두르며 부른 사람이 바로 저희들입니다. 돌아오는 길에 잠시 행차를 멈추고 무릉도원의 가을 경치를 마저 구경하시기를 선생님께서 감히 청하셨습니다." 나와 자방은 깜짝 놀라고 기뻐서 서로 돌아보며 이렇게 말했다. "이악사李樂師는 오늘날의 이귀년李龜年[10]이니, 풍치風致가 이와 같구나." 마침내 산승山僧과 이별하고 계곡을 따라 길을 갔는데, 계곡 물이 서로 다투어 흘러가며 빼어남을 겨루었으니 다 구경할 겨를이 없었다. 막 동문洞門을 나오자 이악사가 이미 거문고를 안고서 우리를 맞이하며 절했다.

이때에 불어난 가을 물이 줄지 않아 물소리가 콸콸하였고, 기이한 암석은 허공에 솟아 영롱함이 매우 좋았으며, 큰 소나무가 우거져 짙은 푸른빛이 사람

---

8) 삼청(三淸): 삼청은 도교(道敎)에서 이상향으로 삼는 천상세계로, 옥청(玉淸)·상청(上淸)·태청(太淸)을 지칭한다.
9) 연포(軟泡): 얇게 썬 두부(豆腐) 꼬치를 기름에 지진 다음 닭국에 넣어 끓인 음식(飮食).
10) 이귀년(李龜年): 당(唐)나라 때의 악공(樂工)이다. 두보(杜甫)의 「강남봉이귀년(江南逢李龜年)」이라는 시에서 "기왕의 댁에서 늘 만났었고, 최구의 집에서 몇 번이나 연주 들었던가? 그야말로 강남 풍경도 좋은 곳에서, 꽃 지는 시절에 또 그대를 만났구나(岐王宅裏尋常見, 崔九堂前幾度聞? 正是江南好風景, 落花時節又逢君)"라고 하였다.

을 엄습하였다. 나와 제군들은 맨발로 시냇물에 들어가 옷을 벗고 바위에 앉으니, 음식이 번갈아 나오고 안주가 한바탕 놓였으니, 물에 잔을 띄워 술 마시기를 겨루기도 하고 그물을 쳐서 물고기를 잡기도 하였다. 자제는 단풍나무 가지를 꺾어 머리 위에 꽂았고, 나는 국화꽃을 따다가 술잔에 띄웠다. 취기가 오르자 더욱 즐거워져 손뼉을 치고 발을 구르며 춤췄으며, 맑은 거문고 소리와 묘한 피리 곡조가 기교를 다투니 모두 천고에 보기 드문 소리였다. 자방이 말하길, "세 사람은 진실로 나라 안 으뜸가는 악공들인데 오늘은 더욱더 청절淸絶함이 느껴지니, 어찌 경치가 빼어나서 그런 것이 아니겠는가?"라고 하였다. 그러자 세 사람이 말하길, "경치가 빼어날 뿐만이 아니라, 오늘 다행히도 신선들의 모임을 만났으므로, 저희 또한 흥취가 일어나서 음조가 절로 높아져 마치 신의 도움이 있는 듯하게 된 것입니다." 날이 저물자 모두 일어나 한데 어우러져 춤추었고, 술에 취한 뒤 길에서 말을 몰아가면서 피리 소리도 그치지 않고 거문고 소리도 때때로 연주되니, 행인들이 바라보고서 신선처럼 여겼다. 조금 지나 달이 동쪽에서 떠오르자, 우리는 다시 흥이 나서 말 위에서 큰 잔에 술을 가득 부어 마셨다. 저물녘에 사령沙嶺에 올라 사람을 먼저 보내 성문 닫는 시간을 조금 늦춰주게 하였다. 성 밖에 이르니 만 호의 집들에 인적이 없고 달빛은 대낮처럼 밝았다. 남은 술동이를 물어보았는데 아직도 많았으므로 문지기를 불러다 끌어내어 함께 앉아서 잔을 씻고 다시 술을 따랐으며, 몇 곡을 질탕하게 연주하고도 취해서 돌아갈 줄 몰랐다. 집에 도착하니 밤이 이미 삼경三更이었다.

원문原文

還自金剛. 余懷悄然不樂. 眞唐人所謂峴山回首望. 如別故鄉人者也. 經年
禮部. 接應文墨. 益不適意. 連上三章乞解官. 孤坐書室中. 門外忽有剝啄
聲. 問之. 乃重興老釋性敏, 沙彌天敏也. 性敏. 余空門友也. 約遊三角素
矣. 有書曰. 山中霜晚. 楓葉政酣. 過數日則衰矣. 若有意來訪. 毋失此時云.
余方遐想蓬萊. 飄然有御風浮游之意. 得此書. 意不自制. 卽理屐戒行. 顧獨
行殊寂寥. 正想間. 申丈子方適有書至. 余覆書曰. 山僧邀我賞楓菊. 我今行
矣. 子若有意. 便可相待於弘濟橋間. 且山中不可無篴. 君家笛奴. 可卽携去
也. 所謂笛奴. 卽億良. 以篴名擅長安. 亦余舊識也. 附書去訖. 念申丈之寄
我書. 我之要申丈行. 俱非素約. 不能必其行. 隣有桂城都正子齊. 翩翩公子
也. 伻論之卽諾. 歸路. 起而竝轡. 朴甥大健亦隨. 時癸卯九月十五日也. 天
敏引路. 余與子齊. 各携酒二榼. 匹馬單童. 掩面行. 人莫有識者. 路走一從
者. 招篴工李山守. 從者來報曰. 問於伶師李龍壽. 則山守不在云. 余與子齊
悵然而行. 至弘濟橋. 子方不來. 又悵然. 到重興石門. 子方坐石上. 迎謂曰.
何來遲也. 我等候多時矣. 但笛奴則已隨人宴云. 恨君書晚也. 余以意外得
子方爲幸. 不暇他念. 行至閔漬巖洞口. 篴聲出自溪水間. 諦聞之. 似億良聲.
從者覘之. 果然. 方隨申平川諸公酣宴云. 余使從者諭之而去. 到寺門日纔下
春. 性敏與諸僧. 顚倒迎坐月臺. 子齊渴甚. 解榼吸冷酒一椀. 仍勸余共之.
忽聞篴聲自遠而近. 俄有一人來拜視之. 億良也. 問何以得脫. 則曰. 聞從者
之言. 不敢後. 托患河魚. 從間道來云. 余與諸君拍手歡甚. 卽令吹一曲. 賞
以大杯. 少焉月已上前峯矣. 秋天寥廓. 無一點雲. 山空谷靜. 萬籟俱沈. 笛
聲淸徹. 如從緱嶺來. 夜深聯被僧房. 懸燈臥話. 依然少年負笈時也. 早起步
下山映樓舊址. 仍訪響玉灘. 時微霜纔過數夜. 楓葉如染猩紅. 靑松黃菊. 競

妍於溪壑. 眞是錦繡世界. 余謂子方曰. 性敏不欺余矣. 子方笑曰. 君不欺我矣. 余曰. 君亦不負約矣. 遂相與胡盧. 仰見三角. 翠色突兀. 呼僧問白雲臺路. 則僧曰. 亂後絶無來往. 路絶久矣. 雖居僧亦不曾一見. 只露積峯微有樵路. 而上頭則難上云. 余謂子方曰. 吾儕俱已白髮. 此行亦偶然. 今來不上一峯. 則後期其可必乎. 子方曰. 吾年長君十歲. 何望陟危峯乎. 早食畢. 登寺後小庵. 朴甥尋小徑欲上露積峯. 余策杖隨之. 子方謂子齊曰. 吾二人豈忍獨後. 貽譏於月沙乎. 遂先後攀躋. 怪石錯道. 十步九顚. 及到峯下. 巖峻逕仄. 絶無着足處. 天敏與二僧先上. 從石罅用木爲梯. 垂帶引之. 束身而上. 始得窮最高頂. 頂窄僅可坐十餘人. 茫不可俯視. 合眼定神. 扶携互依. 少憩而望之. 西南大海. 遠自靑齊. 浮雲落日. 銀界茫茫. 目力有盡. 而望勢無際. 所可記者. 水落, 峨嵯, 冠岳, 淸溪, 天磨, 松岳, 聖居諸山. 纍纍如丘垤. 月溪峽拆. 驚波西注. 漢水一帶. 如拖氷練. 彎回屈曲. 環繞王都. 遙峯亂嶼. 隱見雲際. 老僧指而示余曰. 彼爲某山. 此爲某水. 余時怊悗不能辨. 第唯唯而已. 都城百萬家. 逼近不能見. 但見脚底炊煙粧點一活畫. 雲隙露一螺髻. 知是終南山也. 渴喉生塵. 急解酒沃之. 興酣傾盡數壺. 余醉而歌. 子齊起舞. 笛聲隨風散入層霄. 恍似劉安雞犬遺響白雲. 眞一三淸夢遊也. 坐間望見石門上. 有人昂首揮白衣若有招者. 余等訝之而不解. 所以興盡下山. 酒壺亦傾. 歸路似捷. 俄頃之間. 已到寺. 回視杖屨之地. 杳如隔世. 諸僧具軟泡勸飯. 臥蒲團歇定. 忽有人來叩曰. 俺是老樂師李龍壽弟子某也. 老師昨因從者尋笛聽. 知宗伯老爺有此行. 今朝與琴手朴某. 載酒迎候於閔漬巖. 望見諸公在半空上. 恐久不下. 向來揮衣而呼者. 卽俺等也. 老師敢請歸路少駐. 畢賞武陵秋色. 余與子方. 驚嘉相顧曰. 李樂師. 今之李龜年也. 風致乃如是也. 遂別山僧. 緣溪信行. 爭流競秀. 應接不暇. 纔出洞門. 李樂師已抱琴迎拜. 時秋漲不盡. 水聲激激. 奇石嵌空. 玲瓏可愛. 長松掩映. 蒼翠襲人. 余與諸君. 赤足踏流. 解衣坐石. 行廚迭薦. 肴核狼藉. 或流觴競飲. 或擧網得魚. 子齊折楓枝揷頭上. 余摘菊花泛酒杯. 醉後樂甚. 拍手蹈足. 淸絃妙曲. 較工爭奇. 皆千古希聲. 子方曰. 三人固是國手. 而今日更覺十分淸絶. 豈地勝而然耶. 三人曰. 非但地勝. 今日幸遇群仙之會. 俺等亦情興俱到. 音調自高. 若有神助也. 日暮群起. 俣俣亂舞. 醉後迸馬路上. 笛不輟而琴亦時奏. 行人望之如神仙. 少焉月從東上. 余復興發. 馬上引滿大白. 黃昏上沙嶺. 先走人少寬門限. 到城外. 萬井無人. 月色如晝. 問餘樽尙多. 呼門將出拉之. 共坐洗盞更酌. 爛奏數曲. 醉不知返. 及到家. 夜已三鼓.

출전: 李廷龜,『月沙集』「遊三角山記」

2

유서산기

遊西山記

김상헌金尙憲

김상헌(金尙憲): 1570(선조 3)~1652(효종 3). 조선 중기의 문신. 본관은 안동(安東). 자는 숙도(叔度), 호는 청음(淸陰)·석실산인[石室山人: 중년 이후 양주(楊州) 석실(石室)에 퇴귀(退歸)해 있으면서 사용]·서간노인[西磵老人: 만년에 안동(安東)에 은거하면서 사용]. 서울 출생. 번(璠)의 증손으로, 할아버지는 군수 생해(生海)이고, 아버지는 돈녕부도정(敦寧府都正) 극효(克孝)이며, 어머니는 좌의정 정유길(鄭惟吉)의 딸이다. 우의정 상용(尙容)의 동생이다. 3세 때 큰아버지인 현감 대효(大孝)에게 출계(出系)하였다. 1623년 인조반정 이후 이조참의에 발탁되자 공신세력의 보합위주정치(保合爲主政治)에 반대, 시비(是非)와 선악의 엄격한 구별을 주장해 서인 청서파(淸西派)의 영수가 되었다. 병자호란이 일어나자 예조판서로 주화론(主和論)을 배척하고 끝까지 주전론(主戰論)을 펴다가 인조가 항복하자 안동으로 은퇴하였다. 효종이 즉위해 북벌을 추진할 때 그 이념적 상징으로 '대로(大老)'라고 존경을 받았으며, 김육(金堉)이 추진하던 대동법에는 반대하고 김집(金集) 등 서인계 산림(山林)의 등용을 권고하였다. 1585년(선조 8) 윤근수(尹根壽)의 문하에서 경사(經史)를 수업하고, 성혼(成渾)의 도학에 연원을 두었다. 이정구(李廷龜)·김유(金楺)·신익성(申翊聖)·이경여(李敬輿)·이경석(李景奭)·김집 등과 교유하였다. 1653년 영의정에 추증되었다. 시문과 조천록(朝天錄)·남사록(南槎錄)·청평록(淸平錄)·설교집(雪窖集)·남한기략(南漢紀略) 등으로 구성된 『청음전집』 40권이 전한다. 시호는 문정(文正)이다.

해제解題

「유서산기遊西山記」는 김상헌金尙憲, 1570~1652의 문집인 『청음집淸陰集』 권38의 기記에 수록되어 있다. 갑인년1614, 광해군 6 가을에 모친이 눈병을 앓게 되었는데, 서산西山에 있는 신통한 샘의 물을 떠다가 병든 사람이 머리를 감으면 효험을 본다는 소문을 듣게 되었다. 이에 큰형 김상용金尙容과 조카 광소光熽와 양자 광찬光燦이 함께 모친의 눈병을 고치고자 서산에 오르게 된다. 서산을 오르면서 고故 양곡陽谷 소세양蘇世讓이 살던 옛 집터와 인왕사仁王寺 옛 터를 지나간 것과 해이해진 금령禁令으로 인하여 산 전체 크게 자란 나무가 없다는 것을 안타까워하는 모습을 기록하고 있다. 산에서 한양漢陽을 바라보며 어려워진 나라와 백성의 모습에 애석해 하였다.

국역國譯

한양漢陽의 산이 복정覆鼎[11]에서부터 산줄기가 뻗어 내려와 왕도王都의 진산鎭山이 된 것을 공극拱極[12]이라고 일컫는다. 이 공극에서 갈려 나와 산등성이가 불쑥 솟아나 꾸불꾸불 뻗어 내려오다가 서쪽을 끼고 돌면서 남쪽을 감싸 안고 있는 것을 필운弼雲이라고 한다. 내 집은 이 두 산의 아래에 있어서 아침저녁으로 들락날락하면서 일찍이 산을 가까이에서 접하지 않은 적이 없었으며, 산 역시 다투어 내 집의 창과 실내로 들어오려 하여 친근함을 더하려는 것 같

---

11) 복정(覆鼎): 북한산(北漢山)의 옛 이름으로, 산의 모양이 마치 솥을 엎어 놓은 듯하므로 붙여진 이름이다. 북한산은 이 이외에도 삼각산(三角山), 북악(北嶽), 부아악(負兒嶽) 등으로도 칭해진다.

12) 공극(拱極): 경복궁(景福宮)의 주산인 백악(白嶽)을 가리키는데, 중종 때 중국 사신 공용경(龔用卿)이 백악을 공극산, 인왕산(仁旺山)을 필운산(弼雲山)이라고 개명하였다.

왔다. 그러므로 항상 자리에 누운 채로 바라보고 즐겼다. 그러면서도 일찍이 산속의 바위며 골짜기 사이에는 오간 적이 없었다.

갑인년1614, 광해군 6 가을에 어머님께서 눈병이 났다. 그런데 들리는 소문에 서산西山에 신통한 샘이 솟아나는데 병든 사람이 머리를 감으면 이따금 효험을 보는 경우가 있다고 하였다. 이에 마침내 날을 잡아 산에 올랐는데, 큰형님과 나와 광찬光燦과 광소光熽가 함께 따라갔다.

인왕동仁王洞에 들어가서 고故 양곡陽谷 소이상蘇貳相[13]이 살던 옛집을 지났는데, 이른바 청심당淸心堂, 풍천각風泉閣, 수운헌水雲軒으로 불리던 것들이 지도리는 썩고 주춧돌은 무너져 거의 알아볼 수가 없었다. 양곡은 문장文章으로 세상에 이름을 드러내어 이미 귀하게 된 데다가 부유하였으며, 또한 심장心匠[14]이라고 칭해졌으니, 집을 지으면서 교묘함과 화려함을 극도로 하였을 것이다. 그리고 교유하였던 선비들도 모두 한때 문장으로 이름이 알려진 사람들이었으니, 그들이 읊었던 것 중에는 필시 기록되어 전해질 만한 것이 많았을 것이다. 그런데 지금 채 백 년도 못 되어서 이미 한둘도 남아 있는 것이 없다. 그러니 선비가 믿고서 후세에 베풀어 줄 수 있는 것은 여기에 있지 않은 것이다.

이곳을 지나서 더 위로 올라가니 절벽에서는 폭포가 쏟아지고 푸른 잔디로 덮인 언덕이 있어 곳곳이 다 볼만하였다. 다시 여기를 지나서 더 위로 올라가자 돌길이 아주 험하였으므로 말에서 내려 걸어갔다. 다시 한 번 쉰 다음 샘이 있는 곳에 이르니, 지세가 공극산의 절반쯤에 해당하는 곳이었다. 높이 솟은 바위가 하나 있는데 새가 날개를 편 듯이 지붕을 얹어 놓은 것 같았다. 바위 가장자리가 파여 있는 것이 처마와 같아 비나 눈이 올 때, 예닐곱 명 정도는 들어가 피할 만했다. 샘은 바위 밑 조그만 틈새 가운데로부터 솟아 나왔는

---

13) 소이상(蘇貳相): 좌찬성과 우찬성을 지낸 소세양(蘇世讓)을 가리킨다. 소세양은 뛰어난 시재(詩才)를 가지고 있어 한때의 문풍(文風)을 주도하였다.
14) 심장(心匠): 독특한 구상이나 설계를 말한다.

데, 샘 줄기가 아주 가늘었다. 한식경쯤 앉아서 기다리자 그제야 겨우 샘 구덩이에 삼 분의 일쯤 채워졌는데, 구덩이의 둘레는 겨우 맷돌 하나 크기 정도이고 깊이도 무릎에 못 미칠 정도여서 한 자 남짓 되었다. 샘물의 맛은 달짝지근했으나 톡 쏘지는 않았고 몹시 차갑지도 않았다. 샘 근처의 나무에는 여기저기 어지럽게 지전紙錢을 붙여 놓은 것으로 보아 많은 노파가 와서 영험을 빌었던 곳임을 알 수 있다.

석굴의 앞에는 평평한 흙 언덕이 있었는데 동서의 너비가 겨우 수십 보쯤 되어 보였다. 비로 인해 파인 곳에 오래 묵은 기와가 나와 있는 것으로 보아 이곳이 바로 인왕사仁王寺의 옛 절터인 듯하였다. 어떤 이가 북쪽의 맞은편 골짜기에도 무너진 터가 있다고 한다. 그러나 옛 자취가 다 없어졌으니 분명하게 알 수는 없는 일이다. 일찍이 듣기로는 국초國初에 도읍을 정할 때 서산의 석벽에서 단서丹書15)를 얻었다고 하는데, 이 역시 어느 곳인지 알 수 없었다.

산 전체가 바위 하나로 몸체가 되어 산마루부터 중턱에 이르기까지 우뚝 선 뼈대처럼 가파른 바위로 되어 있고 깎아지른 듯한 봉우리와 겹쳐진 절벽이 똑바로 서고 옆으로 늘어서 있어 우러러보매 마치 병기를 모아 놓고 갑옷을 쌓아놓은 것과 같아 그 기묘한 장관을 이루 형용하기가 어려웠다.

산줄기가 이어지면서 산등성이를 이루고 여러 산등성이가 나뉘어 골짜기가 되었다. 골짜기에는 모두 샘이 있어 맑은 물이 바위에 부딪히매 수많은 옥이 찰랑거리는 것 같았는바, 수석水石의 경치가 실로 서울에서 으뜸가는 곳이었다. 그러나 한스러운 것은 금령禁令이 해이해져 산 전체에 아름드리 큰 나무가 없다는 것이었다. 만약 소나무나 전나무 그늘이 있고 단풍나무나 들메나무가 언덕을 둘러싸고 있어 솔솔 부는 바람 소리를 들으면서 바람 맑고 달빛 밝은 저녁에 느

---

15) 단서(丹書): 중요한 내용을 붉은 글씨로 써서 깊이 간직해 숨겨 둔 것을 말한다.

릿느릿 서성인다면, 봉호蓬壺나 곤랑崑閬16)도 어찌 부러워할 필요가 있겠는가.

등 뒤로는 구부러진 성이 아주 가깝게 보였다. 하인을 보내어 올라가는 길을 찾아보게 했는데, 길이 험하여 올라갈 수가 없다고 하였다. 광찬과 광소가 빠른 걸음으로 갔다가 오더니 자기들이 본 것을 잘 말해 주었는데, 사현沙峴으로 지나가는 사람들이 개미처럼 작게 보였으며 삼강三江17)의 돛단배들을 하나하나 자세하게 헤아릴 수가 있다고 하였다. 내 나이가 그리 많은 것도 아닌데 기력이 너무 쇠하여 가까운 거리임에도 오히려 더 걷지를 못하고 험한 길을 당하여 멈춰 서고 만 데 대해 스스로 탄식하였다. 그러니 이런 기력으로 어찌 벼슬자리에 나아가 있는 힘을 다해 일하면서 내가 젊어서 배운 것을 펼쳐 도를 행하여 남에게 미치게 할 수가 있겠는가.

큰형님과 더불어 남쪽 봉우리에 오르니, 산봉우리 아래에 술 곳간이 있었다. 두 채를 서로 마주 보게 지어 놓았는데 십여 칸 정도가 서로 이어져 있었다. 술 냄새가 퍼져 나가 새들조차 모여들지 않으니, 모르겠다만 얼마나 많은 광약狂藥이 온 세상 사람들로 하여금 온통 취하게 하였던가.

앞쪽으로는 목멱산木覓山이 보이는데 마치 어린아이를 어루만지는 듯하였다. 남쪽으로는 성이 산허리를 감고 구불구불 이어진 것이 마치 용이 누워 있는 것 같았다. 그러나 그 아래에 어찌 용같이 훌륭한 인물이 누워 있겠는가. 지금 반드시 있지는 않을 것이다. 그 아래로 수많은 여염집의 기와지붕이 땅에 깔려 있어 다닥다닥 붙어 있는 것이 마치 물고기의 비늘과 같았다. 임진년1592, 선조 25의 난리를 치른 뒤 23년이 지나 백성들의 수가 날로 불어나 집들이 많기가 이

---

16) 봉호(蓬壺)나 곤랑(崑閬): 봉호는 바닷속에 있으며 신선들이 산다는 전설상의 봉래산(蓬萊山)을 말한다. 『습유기(拾遺記)』 「고신(高辛)」에, "삼호(三壺)는 바로 바닷속에 있는 세 산으로, 첫 번째는 방호(方壺)인데 이는 방장산(方丈山)이고, 두 번째는 봉호인데 이는 봉래산이고, 세 번째는 영호(瀛壺)인데 이는 영주산(瀛洲山)으로, 모양이 술병과 같이 생겼다" 하였다. 곤랑은 곤륜산(崑崙山) 꼭대기에 있는 낭풍원(閬風苑)으로, 역시 신선이 산다고 하는 곳이다.
17) 삼강(三江): 지금의 용산(龍山), 마포(麻浦), 양화(楊花) 일대의 강을 말한다.

와 같이 성대하게 되었다. 그중에는 남자들의 숫자가 수십만 명을 밑돌지 않을 것이다. 그런데도 요순堯舜을 도와 당우唐虞 시대의 태평성대를 이룰 사람이 한 사람도 없어, 한갓 나라의 힘은 더욱 약해지고 백성들의 삶은 더욱 초췌해지고 변방의 방비는 더욱 위태롭게 돼 지금과 같이 쇠퇴해지는 데 이르게 하였다. 어찌하여 저 푸른 하늘은 인재를 내려 주는 것이 이렇게도 인색하단 말인가. 아니면 하늘이 인재를 내려 주긴 했는데 쓸 줄을 몰라서 그런 것인가? 어찌 이 것이 어쩔 수 없는 시대의 운명 탓이 아니겠는가.

경복궁의 동산은 텅 비었고 성은 허물어지고 나무는 부러졌으며 용루龍樓와 봉각鳳閣은 무성한 잡초로 뒤덮여 있었다. 그런 가운데 단지 경회루 연못에 있는 연잎이 바람에 뒤집히면서 저녁 햇살에 번쩍이는 것만 보였다. 앞에서는 어진 인 물을 막고 나라를 그릇되게 하여 전쟁을 불러들이고 온갖 고난을 겪게 하였으 며, 뒤에서는 부추기고 이간질하면서 임금께 아첨을 하여 간사한 말이 행해지고 법궁法宮을 황폐해지게 하였으니, 간신의 죄를 어찌 이루 다 주벌할 수 있겠는가.

동궐東闕[18]이 쌍으로 우뚝 솟아 있고 화려한 집들이 늘어서 있으며, 금원禁苑 의 숲에는 소나무와 잣나무가 빽빽한 가운데, 호분虎賁과 용양龍驤[19]은 궁궐을 깨끗이 청소하고 임금의 행차를 기다리고 있었다. 왕자王者의 거처가 흥하고 망하는 것은 본디 운수에 달린 것이며, 임금다운 임금이 즉위하여 세상을 다 스리는 것도 때가 있는 것이다.

흥인문興仁門의 빼어난 모습이 동쪽을 향하여 우뚝 서 있고 종로鍾路의 큰 길이 한 줄기로 뻥 뚫려 있었다. 길 좌우에 늘어선 상점은 많은 별이 별자리 에 따라 나뉘어 있는 것처럼 반듯반듯하게 차례대로 늘어서 있었다. 그 사이 로 수레와 말이 오갔으며, 달리는 사람과 뛰는 사람들이 허둥지둥 분주하게 오

---

18) 동궐(東闕): 창덕궁의 이칭이다. 창덕궁은 태종이 이궁(離宮)으로 세운 궁전으로, 임진왜란 때 경복궁·창경궁 과 함께 불에 탔으나 1609년(광해군 1)에 가장 먼저 중건하여 오랫동안 법궁(法宮)으로 사용되었다.

19) 호분(虎賁)과 용양(龍驤): 조선 시대 오위(五衛)에 소속된 군사 조직으로, 임금의 호위를 주 임무로 하였다.

갔는데, 그들은 모두가 이익을 도모하는 자들일 것이다. 그러니 당나라 사람의 시에 이른바 "서로 만나느라 늙는 줄도 모른다[相逢不知老]"20)라고 한 것은 진실로 뛰어난 구절이다.

불암산佛巖山은 푸른빛으로 서 있는데 바라보니 손으로 움켜잡을 수 있을 것처럼 가깝게 보였다. 바위 봉우리가 빼어나게 솟은 것이 예사로운 모습이 아니었다. 만약 왕실을 가까이에서 보익하여 동쪽의 진산鎭山이 되어 서쪽과 남쪽과 북쪽의 세 산과 더불어 우뚝 솟아 있었다면, 실로 도성의 형세를 장엄하게 했을 것이다. 그러나 멀리 서울을 수십 리 벗어난 곳에 있어 마치 거친 들판으로 달아나 있는 것처럼 보이는바, 조물주가 사물을 만든 뜻이 참으로 애석하였다.

아, 조석으로 생활하면서 아무런 생각도 없이 접하던 산을 태어난 지 45년이나 지난 오늘날에서야 비로소 한 번 올라 보았다. 천지는 잠시 머물러 가는 주막인 거려蘧廬이고, 희서羲舒21)는 비탈길에 굴러가는 구슬과 같은바, 부생浮生의 백 년 세월은 이 우주에 잠시 몸을 의탁한 것이다. 그리하여 정처 없이 떠다니는 것이 마치 바람 속의 물거품과 같아 멀리 떠가거나 가까이 있거나 흩어지거나 모이거나 하는 것을 모두 자기 마음대로 할 수가 없다. 지금부터 여생이 몇 년이나 더 될지 알 수 없다. 그러니 어머니와 형을 모시고 아들과 조카를 따르게 하여 다시 이 산에 놀러와 여기에 머물러 먼 풍경을 바라보면서 하루 종일 즐기는 것을 어찌 또 다시 기약할 수 있겠는가. 인하여 느낀 바가 있어 그것을 쓰고 때를 기록해 두고자 한다. 현옹玄翁22)의 집은 남쪽 성 아래에 있었는데

---

20) 서로 …… 모른다: 맹교(孟郊)의 시 「송유순(送柳淳)」에 나오는 구절로, 명예와 이익을 좇는 세상 사람들이 서로 분주히 만나고 다니느라 자신이 늙어 가는 줄도 모른다는 말이다.

21) 희서(羲舒): 해를 몬다고 하는 신인 희화(羲和)와 달을 몬다고 하는 신인 망서(望舒)로, 전하여 세월을 뜻하는 말로 쓰인다.

22) 현옹(玄翁)의 …… 있다: 현옹은 신흠(申欽)의 호이고, 백사(白沙)는 이항복(李恒福)의 호이다. 임진왜란이 일어나고 23년이 지난해는 1615년(광해군 7)으로, 이때 신흠은 1613년에 일어난 계축옥사(癸丑獄事)로 인해 선조로부터 영창대군(永昌大君)의 보필을 부탁받은 유교칠신(遺敎七臣)으로 지목되어 파직된 후 김포(金浦) 근처에 있었고, 이항복은 같은 해 인재 천거를 잘못하였다는 구실로 북인(北人)들의 공격을 받고 물러나 불암산

026

지금은 금릉金陵으로 쫓겨났고, 백사白沙 역시 불암산 아래 은둔해 있다.

원문原文

漢陽之山. 自覆鼎而來. 爲王都之鎭者曰拱極. 自拱極分峙. 穹隆磅礴. 西擁
而南抱者曰弼雲. 余廬于兩山之下. 朝夕出入起居. 未嘗不與山接. 而山亦爭入
於吾之軒窓几案. 若有所加親焉. 故常送目臥遊. 不曾往來巖壑之間. 歲甲寅
秋. 慈闈目疾. 聞有靈泉出於西山. 病沐者往往輒效. 遂卜日以往. 伯氏及余
燦, 爔俱從. 入仁王洞. 過故陽谷蘇貳相舊宅. 所謂淸心堂, 風泉閣, 水雲軒
者. 退圮殘礎. 殆不可分. 陽谷用文章顯世. 旣貴而富. 又稱有心匠. 結構極
其工麗. 交遊之士. 皆一時詞翰聞人. 其所賦詠. 必多可記而傳. 至今未百年.
已無一二存焉. 士之所恃以施於後者. 不在斯也. 由此而上. 絶壁飛泉. 靑莎
翠阜. 處處可悅. 又由此而上. 石路峻仄. 去馬而步. 再憇迺至泉所. 地勢直
拱極之半. 一穹石. 翼然如架屋. 石際槌鑿狀屋簷. 雨雪可庇六七人. 泉從石
底小縫中出. 泉脈甚微. 坐一餉. 始滿坎三分之一. 而坎周僅比一碾. 深亦不
及膝尺剩. 泉味甛而不椒. 亦不甚冷冽. 泉之旁叢林. 紛然亂着紙錢. 多婆乞
靈處也. 石窟之前. 土岸平衍. 東西纔數十步. 雨破出古瓦. 認是仁王寺遺址.
或言迤北對谷. 亦有廢基. 古跡陻沒. 莫能辨也. 嘗聞國初定都時. 得丹書于
西山石壁云. 而亦不知處也. 山以全石爲身. 從頂至腹. 屹骨巉巖. 危峯疊壁.
直竪橫布. 仰視如攢兵積甲. 奇壯難狀. 支脈絡而爲岡. 群岡分而爲谷. 谷中
皆有泉. 淸流觸石. 萬玉玲琮. 水石實都中第一區也. 所恨令縱禁弛. 徧山無
尋丈之木. 若得松栝蔭日. 楓枏夾岸. 颼颼乎瑟瑟乎. 婆娑掩映於風月之夕. 則

아래에 동강정사(東岡精舍)를 새로 짓고 동강노인(東岡老人)으로 자칭하면서 지내고 있었다.

蓬壺，崑閬．亦奚足健羨也．背見曲城甚邇．遣僕輩探路．路險不可攀云．爍爌捷步往還．能道所見．沙峴行人．小如蟻子．三江風帆．歷歷可枚數矣．竊自歎吾年未及而衰劣已甚．跬步地尙不堪騁脚．見險而止．況能就列陳力．展吾少學．行道以及人哉．與伯氏上南峯．峯之下有酒庫．二廊對構．連亘十餘間．酒氣所干．飛鳥不集．不知許多狂藥．使擧世皆醉也．前瞰木覓．若撫卑幼．南城轉山腰．屈曲蜿蜒如臥龍．其下寧有人龍臥乎．今未必在也．閭閻萬瓦撲地．纖纖如魚鱗．亂後二十三年．生齒日增．室屋之多如此其盛．中間男子計不下數十萬．而未有一人佐堯舜致唐虞．徒俾國勢益弱．民生益悴．邊鄙益聳．陵夷至於今日．豈蒼蒼者降材靳歟．抑降之而不知不庸耶．何莫非時也命也運也．景福空苑．城摧木缺．龍樓鳳閣．鞠爲茂草．但見慶會池荷葉飜風．明滅於夕陽中．前之妨賢誤國．致戎馬生荊棘．後之嗾疏求媚．行邪說廢法宮．奸臣之罪．可勝誅哉．東闕雙聳．赤白中天．禁林松柏．鬱鬱蒼蒼．虎賁龍驤．清宮望幸．王者之居．廢興固有數．而臨御亦有時也歟．興仁傑構．東眺屹然．鍾街大道．通豁一條．左右列肆．若衆星分躔．井井有次．其間若車若馬．馳者驟者．遑遑焉汲汲焉．皆有所利圖者．唐人詩所謂相逢不知老．眞妙讚也．佛巖翠色．望之可挹．石峯秀拔．非尋常面目．若近輔京室．作爲東鎭．與西南北三岳共峙．則岩岩之躋．實壯國勢．迺遠在郊外數十里．若遯于荒野者然．天公造物之意良可惜也．噫．以朝夕起居之所常接者．生四十五歲．始得一登．穹壤蘧廬．羲舒坂丸．浮生百年．寄形宇宙．泛泛若風中之漚．或遠或近．或散或聚．皆不能自由．自今餘生．未知幾歲．而陪母兄從子姪．更遊於玆山．以寓遐矚．而永一日之娛者．又安可期也．因感而書之．以記歲時．玄翁宅在南城．今斥逐金陵．白沙亦遯于佛巖山下．

출전: 金尚憲,『淸陰集』「遊西山記」

3

유삼각산기

遊三角山記

이익李瀷

이익(李瀷): 1681(숙종 7)~1763(영조 39). 조선 후기의 실학자. 본관은 여주(驪州). 자는 자신(子新), 호는 성호(星湖). 팔대조 계손(繼孫)이 성종 때에 벼슬이 병조판서·지중추부사에 이르러 이때부터 여주 이씨로서 가통이 섰다. 증조부는 의정부 좌찬성 상의(尙毅), 조부는 사헌부 지평 지안(志安)이며, 부는 사간원 대사간 하진(夏鎭)이다. 어려서부터 몸이 약해 10세까지도 글을 배울 수 없을 정도였다고 한다. 이후 형 이잠(李潛)에게서 글을 배워 25세가 되던 해인 1705년(숙종 31) 증광문과(增廣文科)에 응시하였다가 낙방하였다. 이듬해 형 잠(潛)이 장희빈(張禧嬪)을 두둔하는 상소를 올렸다가 당쟁의 제물로 장살(杖殺)되자 벼슬할 뜻을 버리고 첨성리로 낙향하여 학문에만 몰두하였다. 사후에는 이조판서에 추증되었다. 그의 학문은 아버지가 중국에 사신으로 갔다가 돌아올 때 가지고 온 수많은 서적들이 밑바탕이 되었으며, 처음 성리학(性理學)에서 출발하였으나 차차 경직화된 학풍에서 벗어나 사회실정에 맞는 실용적인 학문의 필요성을 역설하였다. 그리하여 율곡 이이(李珥)와 반계 유형원(柳馨遠)의 학문에 심취하였고, 특히 유형원의 학풍을 계승하여 천문·지리 율산(律算)·의학(醫學)에 이르기까지 능통하였다. 이러한 관심분야는 한문으로 번역된 서학서(西學書)들을 접하면서 더욱 영역이 확대되고 깊이가 심화되었다. 그는 투철한 주체의식과 비판정신을 바탕으로 그의 주요 저서인 『성호사설(星湖僿說)』과 『곽우록(藿憂錄)』을 통해 당시의 사회제도를 실증적으로 분석·비판하여 정책적 대안을 제시하였다. 그의 저서로는 『성호사설』과 『곽우록』 이외에 『성호선생문집(星湖先生文集)』, 『이선생예설(李先生禮說)』, 『사서삼경』, 『근사록(近史錄)』 등이 있고, 편저에 『사칠신편(四七新編)』, 『상위전후록(喪威前後錄)』, 『자복편(自卜編)』, 『관물편(觀物編)』, 『백언해(百諺解)』 등이 있다.

해제解題

「유삼각산기遊三角山記」는 이익李瀷, 1681~1763의 문집인 『성호전집星湖全集』 권53의 기記에 수록되어 있다. 삼각산이라는 이름이 백운봉白雲峯 만경봉萬景峯 인수봉仁壽峯 등 세 봉우리로 인해서 유래되었다는 내용이 적혀 있다. 이익이 정해년 1707, 숙종 33 중춘仲春에 삼각산을 유람하면서 입산부터 산을 내려오면서까지 명소들을 지날 때마다 율시를 지었다는 기록이 남아 있다.

국역國譯

『국지國誌』를 살펴보면 삼각산三角山은 일명 부아산負兒山이라고 하는데,23) 부아산은 한성(漢城)의 종산宗山이다. 대개 도봉산道峯山으로부터 산맥이 뻗어 나와 남쪽으로 내려와서 백운봉白雲峯에 이르러서야 비로소 우뚝 솟았다. 백운봉의 남쪽에 만경봉萬景峯이 있고 동쪽에 인수봉仁壽峯이 있는데 모두 높이가 백운봉과 비슷하다. 그중 인수봉은 더욱 깎은 듯이 가파르게 우뚝 솟아서 사람들이 기어오를 수 없고 바라보매 가장 빼어난 절경인데, 실로 오른쪽 두 봉우리와 나란히 우뚝하여 삼각산이라는 이름을 얻은 것이다. 서쪽으로 떨어져 있는 것이 노적봉露積峯이고 봉우리의 아래가 중흥동中興洞인데 중흥사中興寺가 거기에 있다. 동쪽에 있는 것이 취봉鷲峯이고 남쪽으로 돌아 비스듬히 뻗어 고개를 이룬 것이 석가령釋迦嶺이다. 이 고개에서 동쪽 지역을 조계漕溪라 하고 조계사漕溪寺가 있는데 이 절에는 폭포가 있다. 고개 서쪽 갈래는 나한봉羅漢峯 등의

---

23) 국지(國誌)를 …… 하는데: 『신증동국여지승람』 권3 「한성부(漢城府)」에, 한성의 산천에서 "삼각산(三角山)은 양주(楊州) 지경에 있다. 화산(華山)이라고도 하며, 신라 때에는 부아악(負兒岳)이라 하였다"라고 하였다.

여러 봉우리가 되어서 노적봉의 오른쪽 산기슭과 중흥동 어귀에서 합쳐지니, 이것이 옛 북한성北漢城의 터이다. 고개의 바로 남쪽이 보현봉普賢峯의 여러 봉우리가 되고 점점 뻗어 가서 인왕산仁王山에 들어가는데, 이곳은 만세토록 국조國朝의 공고한 기반이니, 지금 감히 다 기록하지 않는다. 보현봉의 서쪽은 문수암文殊菴이고 암자의 물이 탕춘대蕩春臺를 경유하여 한강에 들어간다. 이것이 그 대개이다.

내가 정해년1707, 숙종 33 중춘仲春에 유람하려고 할 때, 따라가기를 원하는 사람이 하나 있어 드디어 그와 함께 17일 경자일에 집에서 출발하여 18일 신축일에 동소문東小門을 거쳐서 천천히 걸어서 조계동漕溪洞으로 들어갔다. 「산에 들어가다[入山]」라는 율시 한 수를 지었다. 보허각步虛閣에 올라서 십일층폭포를 구경하고 또 「폭포를 구경하다[觀瀑]」라는 율시 한 수를 지었다. 방향을 돌려 조계사에 들어 기숙寄宿하였는데, 「징상인澄上人의 시축詩軸에 차운하다」라는 율시 한 수를 지었다.

동틀 무렵 석가령을 넘어서 삼각산의 여러 봉우리를 바라보고 중흥사에 들어가 비로소 조반朝飯을 들었다. 우연히 종조손從祖孫 이종환李宗煥을 만나 이야기를 나누고 이어서 백운봉에 오르려고 하였는데 얼음과 눈이 아직 녹지 않아 길이 막혀 올라가지 못하였다. 「백운대를 바라보고[望白雲臺]」라는 절구 한 수를 지었다. 내성內城의 남은 터를 따라가 석문石門을 구경하고 길을 바꾸어 문수암에 들어갔다. 「문수암」이라는 절구 한 수를 지었다. 문수암의 오른쪽 산등성이에 올라 서해西海를 바라보고, 이어 문수암에서 점심을 들었다. 또 보현봉에 올라서 왕성王城을 내려다보고 「보현봉」이라는 율시 한 수를 지었다. 정오에 탕춘대를 따라 내려와 「산을 나오며[出山]」라는 율시 한 수를 지었다. 마침내 도성 북문北門을 경유하여 돌아왔다.

원문原文

按國誌三角一名負兒. 負兒之山. 爲漢都宗. 蓋自道峯走而南. 至白雲峯而始特. 白雲之南有萬景. 東有仁壽. 皆高與白雲齊. 而仁壽尤削立矗矗. 人不得緣. 望之最秀絶. 實與右二者並峙而得三角之號者也. 西落露積峯. 峯之下爲中興洞. 中興寺在焉. 東爲鷲峯. 轉南迤爲嶺. 嶺曰釋迦. 自嶺以東曰漕溪. 漕溪寺在焉. 寺有瀑. 嶺之西歧爲羅漢諸峯. 與露積右麓. 結襘於中興洞口. 此古北漢城之址也. 嶺之直南爲普賢諸峯. 駸駸而列仁王山. 此國朝萬世鞏基. 今不敢盡記. 普賢之西爲文殊菴. 菴之水由蕩春臺入于漢. 此其大槩也. 余於丁亥仲春. 將往遊. 願從者一人. 遂與之偕. 庚子發于家. 辛丑由東小門緩步而入漕溪洞. 有入山詩一律. 登步虛閣. 觀十一級瀑. 又有觀瀑詩一律. 轉入漕溪寺寄宿. 有次澄上人詩軸詩一律. 遲明逾釋迦嶺. 望三角諸峯. 入中興寺始朝飯. 遇從祖孫宗煥與之語. 仍欲登白雲峯. 冰雪尙未釋. 路塞不可上. 有望白雲臺詩一絶. 循內城遺基. 觀石門轉入文殊菴. 有文殊菴詩一絶. 登菴之右巒眺西海. 仍午餐于菴中. 又陟普賢峯. 俯王城. 有普賢峯詩一律. 亭午遵蕩春臺而下. 有出山詩一律. 遂由國之北門而還.

출전: 李瀷,『星湖全集』「遊三角山記」

4

유북한기

遊北漢記

이익李瀷

해제解題

「유북한기遊北漢記」는 이익李瀷, 1681~1763의 문집인 『성호전집星湖全集』 권53의 기記에 수록되어 있다. 1712년숙종 38에 북한산성北漢山城을 축조하자는 건의에 따라 봄부터 가을에 이르기까지 성을 축조함에 따라 작자인 이익이 그 성을 둘러보고자 북한산을 유람한 내용이다. 북한산성이 형세가 잘 갖춰져 있어서 이득이 되는 점들이 많다고 기록되어 있다. 다만 백제百濟 개로왕蓋鹵王과 중국 춘추시대春秋時代의 고사를 예를 들면서, 임금이 나라를 잘 다스리는 데 있어서 덕치德治와 축성築城을 동시에 행해야 함을 강조하였다.

국역國譯

숙종肅宗 38년1712에 북한산성北漢山城을 축조하자고 건의한 자가 있었다.[24] 대개 도성都城이 사방으로 트여 있기에 위급하여도 지킬 수가 없고 남한산성南漢山城은 물에 막혀서 짧은 시간에 도달하기 어렵기 때문이었다. 이에 봄에 시작하여 가을에야 겨우 끝마쳤기에 내가 가서 유람하였다. 새로 쌓은 성첩城堞은 아득히 높아서 붙잡고 오를 수 없을 것 같았고, 개통한 길은 말이 나란히 달릴 수 있을 정도였다. 대개 성 주위는 넉넉히 30리는 되었는데, 무릇 사람이 담요로 감싸고서야 들어갈 수 있는 험한 곳까지 모두 성가퀴를 두었다.[25] 북쪽으로

---

24) 북한산성(北漢山城)을 …… 있었다.『숙종실록(肅宗實錄)』에 다음과 같은 내용이 보인다. 북한산성은 1711년 (숙종 37) 4월 3일에 축조하기 시작하여 그해 10월 19일에 완성하였고, 다음 해 1712년 10월 8일에 어영청과 금위영이 주관한 창고와 문루, 우물을 파는 일 등의 공역을 마무리하였다. 이후 행궁을 짓는 일과 탕춘대까지 중성을 쌓는 일 등은 계속 논의되었다. 여기서 건의했다는 자가 누군지는 확실치 않으나, 북한산성의 축조에 대한 논의는 효종 때 송시열도 했었고 숙종 초부터 계속 축성에 대한 찬반론이 대치되다가 이유(李濡)의 적극적인 추진으로 반대론을 물리치고 건설되었다.

25) 무릇 …… 두었다 : 『사문유취(事文類聚)』「거처부(居處部)」에 다음과 같은 내용이 보인다. 위(魏)나라 등예(鄧

백운봉白雲峯부터 동쪽으로 옛 성터까지 뻗어있고 다시 나한봉羅漢峯 등의 여러 봉우리를 거쳐서 서쪽 중흥동中興洞 입구에서 만나게 되니, 진실로 백이관百二關[26]이 자연스레 만들어진 것이 이것이라 할 만하였다.

옛날 백제百濟 온조왕溫祚王이 건국할 때 10명의 신하와 함께 한산漢山 부아악負兒嶽에 올라 거처할 만한 땅을 바라보니 바로 지금의 백운봉白雲峯이 그곳이다. 마침내 위례慰禮를 도읍지로 정하고 그 뒤에 남한南漢으로 이주하였다. 비류왕比流王 때에 이르러 왕의 서제庶弟 내신좌평內臣佐平인 우복優福이 북한北漢을 차지하고 배반하자, 왕이 군사를 내어 토벌하였다.[27] 근초고왕近肖古王 26년[371]에 이르러 다시 도읍지를 한산으로 옮겼다. 개로왕蓋鹵王 21년[475]에 이르러 고구려가 몰래 승려인 도림道琳으로 하여금 왕을 모시게 하니, 도림이 왕을 설득하여 궁실을 수리하게 하고 성곽을 축조하도록 하였다. 이에 나라 사람들을 모두 징발하여 흙을 쪄서 성을 만드니 창고와 곳간은 텅 비고 백성들은 곤궁해졌다. 도림이 도주해 돌아가서 아뢰자 고구려가 군사를 거느리고 백제를 공격하여 함락하고 왕을 잡아 살해하니, 왕자王子인 문주왕文周王이 웅진熊津에서 즉위하였다. 이것이 고사故事이다.

고구려가 공격하여 함락할 때에 그 북성北城을 공격하여 7일 만에 공략하였고, 옮겨가서 남성南城을 공격하였다고 한다. 지금의 성 남문南門 밖에는 다시 한 개의 골짜기가 있는데 도성都城과 근접하며 또한 형세가 매우 잘 갖춰져 있

艾)가 촉(蜀)나라를 정벌할 때 700여 리를 무인지경으로 달려갔는데 산이 높고 계곡이 깊어 너무 위태하자, 등예는 담요로 스스로를 감싼 뒤 굴러서 내려갔고 다른 병사들은 나무를 부여잡고 절벽 가를 더듬으며 고기 떼처럼 한 줄로 나아갔다는 고사가 있다. 군대가 지형이 매우 험한 곳을 쳐들어갈 경우 몸을 보호하기 위해 담요로 감싸는 것을 말한다.

26) 백이관(百二關): 『사기(史記)』 권8 「고조본기(高祖本記)」에 나오는 것으로 난공불락(難攻不落)의 천연 요새를 말한다. 옛날 진(秦)나라 땅이 험고하여 "2만 인으로 제후의 백만 군대를 막을 수 있다(秦得百二焉)"라는 말에서 비롯된 것이다.

27) 왕의 …… 토벌하였다: 『삼국사기(三國史記)』 권24 「백제본기(百濟本紀)」에 다음과 같은 내용이 보인다. "24년 (327년) 9월, 내신좌평 우복이 북한성(北漢城)에 자리 잡고 반역을 일으키니 임금이 병사를 보내 토벌하였다 (九月, 內臣佐平優福, 據北漢城叛, 王發兵討之)."

으니 반드시 이곳에 내성內城과 외곽外郭을 만들었을 것이다. 어떤 사람이 이 일에 대해 논의했었다는 것을 들었다. 대개 이곳을 차지한 자는 대포와 화살의 이로움이 꼭 필요하지는 않으니, 몽둥이를 만들고 돌을 던지는 것으로도 높은 벽에 올라 비휴豼貅같은 날쌘 적병들을 격파할 수 있을 것이다. 또한 동쪽 언덕은 기각掎角28)을 이루고 서쪽 항구는 제항梯航29)이니, 만약 운용하는 데 술책이 있다면 그 형세 상 이득이 되는 점들이 많다. 다만 수구문水口門 쪽이 조금 낮고 평평하여 구름사다리나 빈 수레로도 잡고 올라갈 수 있으나 안으로 깊이 구덩이로 들어가는 경사가 급격하여 평평하고 넓은 곳이 조금도 없다. 간혹 빗물에 무너지게 되면 많은 사람들이 발붙이기가 어려울 것이다. 또한 높은 봉우리와 정상 같은 지역은 날씨가 가물면 물을 운반하기가 반드시 어려울 것이고, 날씨가 추우면 꽁꽁 얼어서 방어하기 어려울 것이다. 이것이 그 이해利害에 대한 것이다.

성은 겨우 일이 완성되었지만 궁실이 아직 세워지지 않았고 저장고도 채워지지 않았다. 민심은 흩어지기 쉽고 국가 재용은 넉넉하지 못하니, 수십 년 오래된 세월을 기약하지 않는다면 생각지도 못한 변란에 대비할 수가 없을 것이다. 민사民事를 돌보지 않고 빨리 이루려하는데 뜻을 다하려 한다면 이 또한 넓적다리를 베어 배를 채우는 것뿐이니, 비록 성을 방어하는 기구가 있다하더라도 적군을 막을 병사가 없을까 걱정된다. 또한 예로부터 성전城戰에 패배하는 자는 대부분 소홀히 한 것에서 우환이 생겨나니, 본조本朝 병자년1636 강도江都의 부류30)가 그것이다. 천연의 험준함은 믿을 만하면서도 두려운 것이니, 지키

---

28) 기각(掎角): 서로 협력하여 상대방을 견제하고 공격하는 것을 말한다. 『춘추좌씨전(春秋左氏傳)』「양공(襄公) 14년」에 "그 일을 사슴 잡는 일에 비유한다면, 진나라 사람은 사슴의 뿔을 잡고, 모든 융족은 다리를 잡아끌어, 진나라 사람과 함께 사슴을 거꾸러뜨린 격이라고 할 것이다(譬如捕鹿, 晉人角之, 諸戎掎之, 與晉踣之)"라는 말에서 유래한 것이다.

29) 제항(梯航): 제산항해(梯山航海)의 준말로, 육지와 바닷길로 통행하는 것을 뜻한다.

30) 강도(江都)의 부류: 강도는 강화도(江華島)를 가리키며, 병자호란을 말한다.

는 자들이 어찌 대처하느냐에 달렸을 뿐이다. 이 성이 가령 하자가 있다 할지라도 백제 100여 년 동안의 터전이 되었다. 삼국三國이 전쟁을 벌일 때쯤 고구려와 겨룰 적에는 본래 성 아래에 주둔하여 그 위세를 떨쳤었는데, 어리석게 욕심을 부리다가 패배하였으니 이것이 어찌 성의 탓이겠는가? 조정의 시책이 어찌 나올지 모르겠다. 이것이 그 시무時務이다.

개로왕蓋鹵王이 망한 것은 아첨하는 말을 듣고 패망의 기미를 잊어버려서이다. 궁궐을 높이 짓고서 대관臺觀을 장식하여 혹은 욱리하郁里河에서 돌을 캐다가 덧널을 만들기도 하고 혹은 사성蛇城의 동쪽까지 제방을 쌓아 나무를 심기도 하였다.31) 마침내 나라의 세가 위태로워지고 적들의 계책이 이루어져 늦게 후회하여도 어찌할 수가 없어서 자신은 포로로서 죽었다. 개로왕이 다음과 같이 말하였다. "내가 어리석고 명철하지 못해 간사한 자의 말을 믿고 사용하여 이 지경에 이르렀다. 백성들은 피폐하고 군사들은 약하니 누가 나를 위하여 힘써 싸우겠는가?" 아, 깨달았지만 무슨 유익함이 있겠는가! 백제가 없어지지 않은 것만 해도 다행이다. 이것은 그 감계鑑戒이다.

옛것에만 얽매이는 자는 '덕德에 달린 것이지 험준한 지형에 달린 것이 아니다'32)라고 하고, 지엽적인 것만 믿는 자는 '지형을 선점해야 해야 한다'라고 하는데, 이것은 모두 하나만 잡고서 둘을 폐하는 격이다. 양梁나라가 해자와 궁궐을 건설하자 백성들이 먼저 흩어졌고33), 거莒나라가 방비防備가 없자 초楚나라

31) 욱리하(郁里河)에서 …… 하였다: 욱리하는 지금의 한강을 말하고 사성은 지금의 풍납동토성을 말한다.
32) 덕(德)에 …… 아니다: 『사기(史記)』 권65 「손자오기열전(孫子吳起列傳)」에 다음과 같은 내용이 보인다. 전국시대 명장인 오기(吳起)가 위(魏)나라 무후(武侯)를 섬겼는데, 무후가 서하(西河)에 배를 띄우고 내려가다가 중류에서 오기를 돌아보며 "아름답구나, 산천의 험고함이여. 이것이 위나라의 보배로다"라고 하자, 오기가 답하기를 "덕에 달린 것이지 지형의 험고함에 달린 것이 아닙니다. 만일 주군이 덕을 닦지 않으시면 배 안의 사람들이 모두 적국이 될 것입니다."
33) 양(梁)나라가 …… 흩어졌고: 『춘추좌씨전(春秋左氏傳)』 「희공(僖公) 19년」에 다음과 같은 내용이 보인다. 양백(梁伯)이 토목공사를 좋아하여 자주 성을 쌓자 백성들이 피로하여 견딜 수가 없었다. 이에 그는 적(敵)이 침입해 올 것이라고 하여 궁 주위에 해자를 파도록 하고는 진(秦)나라가 장차 불의에 공격할 것이라고 핑계 대니, 백성들이 두려워하여 미리 도망하였다고 한다.

가 운鄆땅을 침입하였으니[34] 어찌 잘못이 방비에 있지 덕에만 있는 것이 아니라고 말하거나 덕에 있는 것이지 방비함에만 있는 것이 아니라고 할 수 있겠는가? 그러나 자상子常이 영郢에 축성築城하자 심윤술沈尹戌이 그 수성이 너무 작다고 기롱하였고[35], 진晉나라가 포蒲와 굴屈에 축성하자 사위士蔿가 전쟁이 없는데도 축성하는 것을 경계하였으니[36] 이것은 또한 나라의 계책을 세우는 사람이 몰라서는 안 될 것이다. 나는 중흥사中興寺에 이르러 하룻밤 묵고 다음 날 아침 2~3명의 동행인들과 함께 노적봉露積峰을 거쳐 북성北城에 올라 인수봉仁壽峯을 바라보았다. 백운중대白雲中臺에 이르러서는 길이 위태로워 그만두고 돌아와 절에서 쉬고 수구문水口門을 따라 돌아왔다. 그 산천의 경관은 예전에 유람한 기문[37]에 자세히 기술하였으므로 다시 기술하지 않는다.

---

34) 거(莒)나라가 …… 침입하였으니: 『춘추좌씨전(春秋左氏傳)』「성공(成公) 9년」에 다음과 같은 내용이 보인다. 성공(成公) 9년에 초(楚)나라가, 거(莒)나라가 미처 수비하지 않은 운(鄆) 땅을 침입하자 군자가 논평하기를, "거나라가 땅이 외진 것을 믿고 성곽을 수선하지 않아서 12일 만에 초나라에게 세 성을 빼앗겼다. 그러니 방비를 하지 않아서야 되겠는가" 하였다.

35) 자상(子常)이 …… 기롱하였고: 『춘추좌씨전(春秋左氏傳)』「소공(昭公) 23년」에 다음과 같은 내용이 보인다. 초나라 영윤 자상이 초나라의 수도 방비를 위해 영(郢)에 성을 쌓자 심윤 술(戌)은, 덕을 닦아서 백성들을 친애하며 제후국들과 신의를 지키고 관리들을 잘 다스리고 국경의 수비를 군건히 하면 내우와 외침의 두려움이 없을 텐데 자상이 이것은 하지 않고 수도에만 성을 쌓으니, 그 지킴이 너무 작다고 비난하였다.

36) 진(晉)나라가 …… 경계하였으니: 『춘추좌씨전(春秋左氏傳)』「희공(僖公) 5년」에 다음과 같은 내용이 보인다. 진(晉)나라 헌공(獻公)이 두 공자(公子)를 위해 사위(士蔿)로 하여금 포(蒲)와 굴(屈)에 성을 쌓게 하였는데 사위가 섶을 섞어 대충 쌓았다. 헌공이 이를 책망하자 사위가 말하기를, "상(喪)이 없는데도 슬퍼하면 근심할 일이 반드시 그에 맞추어 오고, 전쟁이 없는데 성을 쌓으면 원수가 반드시 그곳을 차지한다고 했으니, 원수의 보루를 무엇 때문에 신중히 쌓겠습니까. 시에 '덕으로 회유하면 국가가 안정되고 종자(宗子)가 견고한 성이 된다'라고 하였으니, 군께서 덕을 닦고 종자를 군건히 하시면 이만한 성이 다시 어디 있겠습니까" 하였다.

37) 예전에 …… 기문: 『성호전집(星湖全集)』권53 「유삼각산기(遊三角山記)」를 가리킨다.

원문原文

上之三十八年. 有建議築北漢城者. 蓋爲都城居四散. 緩急不可守. 南漢阻水. 倉卒難致故也. 於是役起於春. 至秋甫畢. 余乃往遊焉. 新堞縹緲. 若不可以攀躋. 而鑿開砥道. 可並馬驅也. 蓋城圍恰三十里. 凡人所得容氍者. 皆有雉堵. 北自白雲東迆舊城址. 復由羅漢諸峯西會于中興洞口. 眞所謂百二天設者是也. 昔百濟溫祚之興也. 與其十臣登漢山負兒嶽. 望可居之地. 卽今白雲峯是也. 遂定都慰禮. 其後移南漢. 至比流時. 王庶弟內臣佐平優福. 據北漢以叛. 王發兵討之. 近肖古二十六年. 復移都漢山. 至蓋鹵二十一年. 句麗陰使浮屠道琳侍王. 琳說王修宮室築城郭. 於是盡發國人. 蒸土爲城. 倉庾虛竭. 人民窮困. 琳逃還以告. 句麗率兵攻陷. 獲王害之. 王子文周卽位于熊津. 此其故事也. 當句麗之攻陷也. 攻其北城. 七日拔之. 移攻南城云云. 今城之南門外. 復有一谷. 與都城接. 亦甚有形勢. 其必於此爲內外郭也. 聞有人謀及此云. 大槩居此者. 不必砲矢之利. 可制梃投石. 升高墉而搏貔貅也. 且掎角東峙. 梯航西湊. 如用之有術. 其勢有足多者. 但當水口門頗低平. 雲梯空車可得以攀緣矣. 內甚窘入陡急. 略無夷曠處. 或當雨水汰崩. 衆難寄足. 又如高峯絶頂等地. 天旱則運水必艱. 日寒則凍冽難守. 此其利害也. 城纔役完而宮室未起. 儲偫未充. 民志易渙. 國用難贍. 不期以數十年之久. 則不可籍力於不虞也. 將不恤民事. 專意速成. 是亦割股充腹而已. 雖有衛城之具. 恐無禦敵之卒也. 且自古城敗者. 多於所忽處患生. 若國朝丙子江都之類是也. 天險可恃而又可怕. 在守之者處之如何耳. 此城縱曰有欠缺. 尙爲濟王百餘年鞏基. 當三國攻鬥之際. 與麗交忤. 固嘗頓之城下. 以張其威. 至昏弱縱欲而後敗. 是豈城之罪歟. 不知朝廷所施設何出也. 此其時務也. 蓋鹵之亡. 聽慫恿之說. 忘覆敗之機. 高宮闕飾臺觀. 或取榔郁里之石. 或樹堰蛇

城之東. 遂乃國勢危而敵謀成. 晚悔無及. 身死於亡虜. 其言曰予愚而不明.
信用姦人之言. 以至於此. 民殘而兵弱. 誰肯爲我力戰. 嗚呼. 悟之何益. 濟
之不殄. 其亦幸. 此其監戒也. 夫泥古者曰在德非險. 恃末者曰先占地形. 是
皆舉一而廢二也. 梁溝宮而民先潰. 莒無備而楚入鄆. 豈但曰在彼非此. 在
此非彼也哉. 然子常城郢. 沈尹戌譏其守之已小. 晉爲蒲屈. 士蔿戒其無戎而
城. 此又制國籌者不可不知. 余至中興寺寄宿. 詰朝與二三同伴. 由露積登北
城. 望仁壽峯. 至白雲中臺. 路危而止. 還憩于寺中. 遵水口門而返. 若其山
川景狀. 具在前遊小記. 不復述.

출전: 李瀷,『星湖全集』「遊北漢記」

5

유도봉기

遊道峯記

홍직필洪直弼

홍직필(洪直弼): 1776(영조 52)~1852(철종 3). 조선 후기의 학자. 본관은 남양(南陽). 초명은 긍필(兢弼). 자는 백응(伯應)·백림(伯臨), 호는 매산(梅山). 서울 출신. 병마절도위 상언(尙彦)의 증손으로, 할아버지는 현감 선양(善養)이고, 아버지는 판서 이간(履簡)이다. 대사헌·형조판서 등을 지냈다. 재능이 뛰어나 7세 때 이미 한자로 문장을 지었다. 17세에는 이학(理學)에 밝아 성리학자 박윤원(朴胤源)으로부터 오도유탁(吾道有托: 올바른 도를 맡길 만함)이라는 찬사를 받았다. 당시의 원로 명사인 송환기(宋煥箕)·이직보(李直輔)·임로(任魯) 등과 연령을 초월해 교유하였다. 특히 오희상(吳熙常)과 가장 오래 교유했는데, 그로부터 유종(儒宗: 유학자의 으뜸)이라 일컬어졌다. 또한 이봉수(李鳳秀)로부터는 학문이 가장 뛰어나다는 칭찬을 받았다. 그의 학문은 궁리(窮理)를 근본으로 하고 육경(六經)은 물론 제자백가에 통달하였다. 그리고 천지음양귀신(天地陰陽鬼神)의 묘와 역대흥망치란(歷代興亡治亂)의 자취와 산천풍토인물족계(山川風土人物族系)에 이르기까지 두루 통하였다. 성리학에서 정자(程子)의 심본설(心本說)을 극력 지지하고, 한원진(韓元震)의 심선악설(心善惡說)을 반대하였다. 임성주(任聖周)의 "성선(性善)은 곧 기질(氣質)이다"고 한 주장에도 반대하였다. 따라서 주리파(主理派)의 한 사람이라고 할 수 있다. 저서로는 『매산집』 52권이 있다. 시호는 문경(文敬)이다.

해제解題

「유도봉기遊道峯記」는 홍직필洪直弼, 1776~1852의 문집인 『매산집梅山集』 권28에 수록되어 있는 기문記文이다. 기묘년1819, 순조 19 가을에 징악澄岳 장인과 함께 도봉산을 유람하고 남긴 글이다. 두 사람은 침류당枕流堂의 제월루霽月樓·소광정昭曠亭을 지나서 광풍당光風堂에 올랐다. 비록 단풍나무가 시들어 바위틈의 길이 쓸쓸해 보였지만 산의 형세가 둥글고 깨끗하며 고요하고 앞이 탁 트여 있어 훌륭한 경관이 된다는 것에 감탄하고 있다. 광풍당 남쪽의 누각에서 정암靜菴 조광조趙光祖의 문집을 읽고서는 비록 세월이 많이 흘러 자신과 대자연의 모습이 변했지만 도봉산의 험한 산세와 맑은 물이 흐르는 소리로 인해 귀, 눈뿐만 아니라 마음과 정신을 닦을 수 있다는 것은 천년의 세월에도 한결같음을 기록해 두었다. 더불어 그 해가 조광조가 도의를 위해 목숨을 바친 해로 도봉산의 높은 봉우리와 큰길처럼 그의 훌륭한 인품을 흠모하고 있는 홍직필의 마음도 엿볼 수 있다.

국역國譯

기묘년1819 여름, 징악澄岳 장인이 종산鍾山으로 은거하는 곳을 옮기셨는데 내가 나아가 도봉산에서 놀기를 청했다. 장인이 말했다. "저는 시골의 한가로운 사람이니 진정 따라 갈 수 있습니다." 가을에 다시 전에 약속했던 것을 약속할 때 장인이 편지를 보내어 소청문 밖 푸른 소나무와 백사장 사이에서 서로 만나기를 약조했는데, 이날은 중양절重陽節의 다음 날이었다. 자리를 깔고 밥을 먹고 일어나서 성곽을 나와 객점에서 기다리자 이윽고 장인이 왔는데 작은 나

귀와 어린 종은 행색이 말쑥하고 조촐했다. 가는 길에 서서 차례로 인사를 나누고 함께 가니 표표하게 구름 위를 노니는 상상이 있었고 유람 생각이 만장의 봉우리 끝에 있었다.

문촌汶村에 이르러 장인이 객점에서 잠깐 쉬게 되자 자강子岡[38]이 와서 인사할 때에 이야기를 하면서 그와 함께하지 못함을 한탄했으니, 다만 한 사람이 적어서[39] 한탄할 만하다고 여긴 것이 아니었다. 노원蘆原이 바라보이자 장인에게 옛날 은거했던 곳을 물으니 장인이 어딘가를 가리키며 말했다. "마을 안에 은행나무를 심어 놓은 곳이 그곳입니다." 우두커니 서 있는 것이 정말로 오래되어 보였다. 시간은 된서리가 내린 밤중인데도 유람하는 분위기가 매우 좋고, 하늘은 더욱 높고 기운은 더욱 맑아서 마치 만물이 허공에 갖추어져 있는 듯하였다. 내가 말했다. "바로 이 광경이 진실로 이른바 '가을의 살기까지 다 드러났다'는 것일 겁니다."[40] 장인이 말했다. "그렇습니다."

도봉동 입구에 이르러 자리를 깔고 앉으니 단풍나무 숲이 시들어서 바위틈의 길이 쓸쓸했다. 흐르는 물을 마주하고 이야기를 나누었는데 해가 저물자 서원에 들어갔다. 침류당枕流堂의 제월루霽月樓에 올라 잠시 쉬고 사당에 인사하고 인하여 소광정을 방문하니 소광정은 서쪽 산기슭의 험한 절벽에 있었다. 골

---

38) 자강(子岡): 이봉수(李鳳秀, 1778~1852). 자강은 그의 자. 호는 대은(大隱)·금계(襟溪). 성리학에 조예가 깊어 정조로부터 『근사록(近思錄)』을 하사받고 권학(勸學)의 격려를 받았다. 의령현감(宜寧縣監)·공주판관(公州判官) 등을 지냈다. 주요저서로 문집 『금계집(襟溪集)』이 있다.

39) 다만 …… 적어서: 객지에서 형제를 그리는 것. 왕유(王維)의 '9월 9일 산중의 형제를 그리는 시[九月九日憶山中兄弟詩]'에, '홀로 타향에 나와 나그네 되니, 가절 만날 적마다 어버이 생각 갑절 나네. 알괘라 형제들 높은 곳에 올라, 산수유 돌려가며 꽂는데 한 사람 적을 것을[獨在異鄉爲異客 每逢佳節倍思親 遙知兄弟登高處 遍揷茱萸少一人]'이라 하였다.

40) 바로 …… 겁니다: 『주자어류』에, "묻기를, '안자는 봄의 생기요, 맹자는 가을의 살기까지 모두 드러났다' 하니, 답하기를, '공자는 포괄하지 않은 바가 없다. 안자는 바야흐로 봄의 생기와 같은 뜻을 드러내고 있으니, 자기가 잘하는 것을 자랑함이 없는 것과 자기의 공로를 뽐냄이 없는 것과 같은 일이 이것이다. 만일 이러한 것조차도 노출하지 않는다면 곧 공자인 것이다. 「맹자는 가을의 살기와 같다」 함은 그 재주를 모두 드러내 보였기 때문이다. 이른바 영기(英氣)와 같으니, 이는 발휘하여 쓰는 곳에 모두 나타난다' 하였다. 또 말하기를, '명도(明道)의 아래 두 구절은 곧 이 세 구절을 해석한 것인데, 유독 「시기 때문이다[時焉而已]」라는 구절은 이해하기 어렵다' 하였다" 하였다.

짜기를 찾아 시내를 건너서 정자의 북쪽에 이르니 활꼴의 바위와 층층이 쏟아지는 폭포, 깊은 못과 얕은 물이 사이사이 굽이지고 꺾여서 평평한 곳에서는 물이 깊고 검푸르며 험준한 곳에서는 물이 거품을 일으키고 허옇다. 이때에 물이 바위에 떨어져 샘물이 쟁강 소리를 내니 패옥소리가 울리는 것 같아서 유유히 크게 울리는 것 같고 작게 울리는 것 같았다.

장인이 말했다. "산과 물에 맑은소리가 있으니 고인의 시가 모두 그러한 것입니다." 이에 옛날의 성현들이 냇물이 흐르는 것으로써 도체를 비유하셨으니 또한 잘 형용한 것이라 하였다. 내가 그를 위하여 회옹晦翁의 「관란사觀瀾詞」를 읊어서 뜻을 말하였다. 이윽고 날 저무는 빛이 창연하여 도봉동의 하늘이 어두워졌다. 사방을 돌아보니 적막하고 사람도 없어서 정신과 몸이 으스스하여 오래 머무를 수가 없었다. 장인이 먼저 일어나 골짜기를 따라 올라가 수원으로 거슬러 올라가니 나 또한 그를 따라갔다. 비취색 나무와 푸른 덩굴은 얼기설기 뒤섞였고 어지럽게 널린 돌들이 무더기로 쌓여서 냇물의 흐름을 막고 있었다. 우암尤菴[41]과 동춘同春[42], 곡운谷雲[43] 등 여러 현자가 석면에 써놓은 완연한 글씨들 또한 어디에 있는지 알 수가 없었으니 참으로 높은 언덕 깊은 계곡은 변화하여 일정함이 없다.

---

41) 우암(尤菴): 송시열(宋時烈, 1607~1689). 우암은 그의 호이다. 조선 후기 문신 겸 학자, 노론의 영수. 주자학의 대가로서 이이의 학통을 계승하여 기호학파의 주류를 이루었으며 이황의 이원론적인 이기호발설을 배격하고 이이의 기발이승일도설을 지지, 사단칠정이 모두 이라 하여 일원론적 사상을 발전시켰으며 예론에도 밝았다. 주요 저서에는 『송자대전』 등이 있다.

42) 동춘(同春): 송준길(宋浚吉, 1606~1672). 동춘은 그의 호이다. 자는 명보(明甫). 송시열 등과 함께 북벌 계획에 참여했으며 서인에 속해 분열된 서인 세력을 규합하는 데 힘썼다. 학문적으로는 송시열과 같은 경향의 성리학자로서 특히 예학에 밝고 이이의 학설을 지지하였으며, 문장과 글씨에도 뛰어났다.

43) 곡운(谷雲): 김수증(金壽增, 1624~1701). 곡운은 그의 호이다. 자는 연지(延之). 1650년(효종 1) 생원이 되고, 1652년 익위사세마(翊衛司洗馬)가 되었다. 형조·공조의 정랑(正郎)을 거쳐 각 사(司)의 정(正)을 지냈다. 1670년(현종 11) 강원 화천군 사내면 영당동에 복거(卜居)할 땅을 마련하고 농수정사(籠水精舍)를 지었다. 1689년 기사환국으로 수항이 사사(賜死)되자, 벼슬을 그만두고 화음동(華蔭洞)에 들어가 정사를 짓기 시작하였다. 1694년 갑술옥사 뒤에 다시 기용되어 한성부좌윤(左尹)·공조참판 등에 임명되나 모두 취임하지 않고 은둔하였다. 당시 성리학에 심취하여 북송의 성리학자들과 주자의 성리서를 탐독하였다. 춘천의 춘수영당(春睡影堂)에 제향되었다. 문집에 『곡운집』이 있다.

이에 따라 광풍당光風堂에 올랐는데 광풍당 남쪽에는 누각이 있고, 누각 옆에는 장서각藏書閣이 있었다. 형세가 둥글고 깨끗하며 고요하고 앞이 탁 트여 넓으니 절로 형국이 이루어져 한 마을의 훌륭한 경관이 되었다. 잠시 뒤에 달빛이 누각을 비추어 밤이 되자 더욱 빛났다. 우러러 하늘을 보니 가파르고 쓸쓸한 담 둘레 같아서 음양이 모두 고요하고 온갖 소리도 모두 조용하여 홍몽鴻濛[44]이 갈라지지 않은 생각이 있어서 아득히 하늘의 기운에 기대어 그 끝을 헤아릴 수 없는 듯하고, 양양하여 조물주가 간여하여 그 끝을 알 수 없는 듯하니 몸과 정신을 초월하여 장차 온갖 조화와 더불어 말하지 않아도 서로 뜻이 맞는 듯했다.

장인이 나에게 글을 암송해주기를 요구하여 나는 이천伊川의 「역전서易傳序」를 외웠는데 숨이 차서 그만두자 장인이 나를 위하여 그중 '체와 용이 근원이 하나이고, 현저함과 은미함이 간격이 없다[45]'는 한 구절을 외우니 암송 소리가 그치지 않았다. 인하여 『맹자孟子』의 우산장牛山章과 웅어장熊魚章을 암송하니 암송하는 소리가 천천히 퍼져 높낮이가 음의 꺾임이 있어서 사람으로 하여금 공손히 듣게 하여 적당히 소호韶濩[46]를 쓰게 하니? 주자朱子께서 만년에 매번 학자들과 함께 이 두 장을 강론하였으니 장인이 특별히 이 두 장을 외운 것은 아마도 쇠세衰世[47]의 뜻이 있었을 것이다. 밤중에 누각 아래의 방에서 유숙했는데

---

44) 홍몽(鴻濛): 천지가 갈라지기 전 태초(太初) 상태이다. 『회남자(淮南子)』「도응훈(道應訓)」에 노오(盧敖)가 북해(北海)에 노닐다가 몽곡산(蒙轂山) 꼭대기에서 한 선비를 만나 그와 벗하려 하자 그가 웃으며 "나는 남쪽으로 망량(罔兩)의 들판에서 노닐고 북쪽으로 침묵(沈默)의 고을에서 쉬며 서쪽으로 요명(窅冥)의 마을을 다 다니고 동쪽으로 홍몽의 앞을 꿰뚫고 구해(九垓)의 위에서 한만(汗漫)과 노닐려 하오" 하고는 팔을 들고 몸을 솟구쳐 구름 속으로 들어갔다.

45) 체와 …… 없다: 정주학(程朱學)의 이른바 '체용일원(體用一源)'과 '현미무간(顯微無間)'의 명제(命題)를 도입해서, 지현(之顯)이라는 그의 자를 해설하고 있다. 체(體)가 본질이요 본체요 이치[理]요 형이상(形而上)의 절대적 진리를 표상하는 용어로서 미(微)를 그 속성으로 하고 있다면, 용(用)은 작용이요 기능이요 자취[迹]요 형이하(形而下)의 현상 세계를 표상하는 용어로서 현(顯)을 그 속성으로 하고 있다고 할 수 있다.

46) 소호(韶濩): 소는 순임금 음악, 호는 탕왕의 음악이다.

47) 쇠세(衰世): 『주역(周易)』「계사전하(繫辭傳下)」에 나오는 말로, 상고(上古)의 순후하고 질박한 때의 생각이 아니라는 뜻이다.

방에 과거시험을 준비하는 4~5명의 유생이 옆방에서 경서를 읽는데[48] 강독하는 소리가 빠르고 급하여 거의 알아들을 수가 없었다. 내가 말했다. "진실로 과거제도를 개혁하려면 우선 명경과明經科[49]를 바꿔야 할 것이다." 장인도 그렇다고 했다.

하늘이 밝아지자 일어나서 다시 누각에 올라서 공령생功令生[50]을 불러서 서고를 열게 하여 두 선생[51]의 문집을 꺼내어 정암靜菴이 경연에서 말한 여러 계啓[52]들을 읽어보니 한 구도 지루한 말이나 만연한 말이 없었고 낙건[53]의 유명한 이론을 답습하지 않고 한결같이 자신에게서 나와서 또한 수연히 충忠과 애愛가 넘쳐서 구차하게 보기에 아름다움을 위해서가 아니니 마땅히 『서경』「이훈」·「열명」과 더불어 서로 표리가 된다. 우옹의 「간서잡록看書雜錄」에 미쳐서는 장인이 "옛날에 민원리閔元履[54]와 함께 와서 같이 주자의 『무오당의戊午讜議』의 서문과 왕매계王梅溪[55] 문집의 서문을 읽었는데 내가 그를 위하여 꺼내어 읽기를

---

48) 경서를 읽는데: 첩괄(帖括)은 과거 시험 때 경서의 전면을 덮고 일부의 글자만 보여 주며 암송하게 하였는데, 수험생들이 난해하면서도 출제 가능성이 특히 높은 구절들을 수합하여 외우기 쉽게 노래 형식으로 만들어 부르는 것을 말한다.

49) 명경과(明經科): 식년(式年) 문과(文科) 초시(初試)의 한 분과로 경서(經書)에 정통한 사람을 뽑는 강경과(講經科)와 같은 뜻이다. 주로 오경(五經)인 『시경(詩經)』·『서경(書經)』·『주역(周易)』·『예기(禮記)』·『춘추좌전(春秋左傳)』과 사서(四書)인 『대학(大學)』·『중용(中庸)』·『논어(論語)』·『맹자(孟子)』에서 출제(出題)되었다.

50) 공령생(功令生): 과거를 준비하는 유생을 말한다.

51) 두 선생: 정암(靜菴) 조광조와 우암 송시열을 말한다.

52) 계(啓): 임금에게 아뢰는 글이다.

53) 낙건: 정주학(程朱學)을 말한다. 정자(程子)는 낙양(洛陽)에서 살고 주자(朱子)는 복건(福建)에서 살며 강학하였으므로 이렇게 말한 것이다.

54) 민원리(閔元履): 민치복(閔致福, 1766~1814). 자는 원리(元履), 호는 확재(擴齋). 김양행(金亮行)·이직보(李直輔)의 문인이다. 어릴 때부터 『소학』에 통달하고 여러 서적을 탐독하여 안목이 뛰어났으며, 본 것은 모두 기억하거나 외웠다고 한다. 1789년 사마시에 합격, 1803년 원릉참봉(元陵參奉)·동몽교관(童蒙敎官)을 지냈고, 호조 공조 형조의 낭관을 역임했다.

55) 왕매계(王梅溪): 왕십봉(王十朋, 1106~1194). 매계는 그의 호이다. 송나라 온주(溫州, 절강성) 낙청(樂淸) 사람. 자는 구령(龜齡)이고, 시호는 충문(忠文)이다. 처음에 매계의 향촌에서 강의했지만 뒤에 태학(太學)에 들어갔다. 고종(高宗) 소흥(紹興) 17년(1157) 정시(廷試)에 합격하여 비서랑(秘書郞)에 올랐다. 여러 차례 조정을 정비할 것을 건의했고, 투항한 금나라의 장수들을 기용할 것을 주장했다. 용도각학사(龍圖閣學士) 등을 지냈다. 효종(孝宗) 때 관직이 시어사(侍御史)에 이르렀는데, 여러 차례 글을 올려 금나라에 대항하면서 국토를 회복할 계책을 올렸다. 요주(饒州)와 기주(夔州), 호주(湖州), 천주(泉州) 등의 고을을 맡아 다스렸다. 재앙을 구제하고

047

산중의 고사故事를 따랐었다"고 하였다.

인하여 누각에서 내려와 마을 문을 나오니 장인은 30년 만에 왔고, 나 또한 20년 만에 온 것인데 언덕과 골짜기, 바위와 폭포는 매우 오랜 시간이 지난 듯이 예전의 모습이 없었다. 산과 물은 진실로 정이 없어서 한 세대도 지나지 않아 변하거늘 하물며 대자연의 변화 속에서 그 삶이 부초와 같은 우리에 있어서 어떻겠는가. 그러나 험한 산세와 맑은 물이 흐르는 소리는 오히려 귀, 눈과 더불어 도모할 수 있고, 아득히 비어 있는 것과 연연히 고요한 것은 또한 마음, 정신과 더불어 모일 수 있으니 이는 곧 지형을 따라 변하지 않으니 천년의 세월에도 한결같은 것이다. 게다가 이 해는 곧 조광조 선생이 도의를 위해 목숨을 바친 해이다. 갑자년이 다시 돌아온 것에 감동하고, 뜻깊은 말이 이어지지 않음을 한탄하니 이번 여행이 어찌 심산유곡에서 술 마시는 일만 오롯이 할 수 있겠는가. 몰래 높은 산과 큰길처럼 훌륭한 인품의 선생님을 우러러 사모하는 마음을 부칠 뿐이다.[56]

원문原文

己卯夏. 澄岳丈人. 移邁軸于鍾山. 余造就而請道峯之遊. 丈人謂我是野外閒漢. 可以眞率爲也. 及秋更證前約. 丈人折簡相期于小靑門外蒼松白沙之間. 是日重陽之翌也. 蓐飯而作. 出郭而候于逆旅. 俄而丈人至. 尺驢短僕. 行色極淸楚. 立路次敍寒暄. 相將而行. 飄飄有凌雲之想. 遊神於萬丈峯頭矣. 至汶村. 丈人少憩于店. 因道子岡來拜時說話. 歎不與之偕. 非直少一之

폐해를 없애는 등 치적을 올려 당시 사람들이 상을 그려 제사를 올렸다. 저서에 『매계집(梅溪集)』 등이 있다.

56) 높은 …… 뿐이다: 『시경(詩經)』 「거할(車舝)」에 "높은 산처럼 우러르고 큰 길처럼 따라간다[高山仰止 景行行止]"라는 구절에서 온 말로, 고인의 큰 덕행(德行)을 흠모한다는 뜻이다.

爲可恨也. 望蘆原問丈人舊隱. 丈人指阿那而曰. 村中立鴨脚樹者是已. 延
佇者良久. 時嚴霜夜零. 游氛淨盡. 天益高氣益淸. 若萬象俱空. 余曰卽此光
景. 眞所謂秋殺盡見. 丈人曰唯. 至道峯洞口. 班荊而坐. 楓林凋傷. 巖徑
蕭條. 臨流敍話. 移晷而入書院. 登枕流堂之霽月樓. 少休拜廟. 仍訪昭曠
亭. 亭在西麓陡絶處. 尋壑渡溪而至直亭之北. 穹巖層瀑. 匯潭淺渚. 間厠曲
折. 平者深黑. 峻者沸白. 時水落石出. 泉聲鏗鏘. 如鳴珮環. 幽幽然似大似
細. 丈人曰山水有淸音. 古人詩意儘然. 仍云往哲以川流喩道體. 亦善形容.
余爲誦晦翁觀瀾詞以道意. 已而暮色蒼然. 洞天向暝. 四顧寂寥無人. 凄神
寒骨. 悄愴幽絶. 不可以久留也. 丈人先起. 沿澗而上. 以溯水源. 余亦隨之.
翠樹碧蔓. 蒙絡搖綴. 而亂石堆疊. 塞斷川流. 尤菴, 同春, 谷雲諸賢銀鉤
之蜿蜒石面者. 亦不知所在. 儘乎高岸深谷. 貿遷無常也. 因登光風堂. 堂之
南有樓. 樓傍有藏書閣. 面勢圓淨. 窈窕而寬敞. 自成體局. 爲一洞勝觀也.
少焉月華上欄. 入夜益晃朗. 仰視玉宇. 崢嶸寥廓. 兩儀同靜. 萬籟俱寂. 有
未判鴻濛底意思. 悠悠乎如憑灝氣而莫測其涯涘. 洋洋乎如參造物而不知其
所窮. 形超神越. 若將與萬化冥契. 丈人要余誦書. 余誦伊川易傳序. 喘急而
止. 丈人爲擧其中體用一原顯微無間一句語. 諷詠不已. 仍誦鄒經牛山熊魚
二章. 聲氣舒緩. 高下有韻折. 令人竦聽. 用當韶濩. 朱先生晚年. 每與學者
講此章. 丈人之特擧斯兩者. 其亦衰世之意也. 夜將分止宿樓下房. 室有四五
儒生. 爲帖括役者. 讀經書於隣房. 而講聲繁促. 殆不堪聽. 余曰苟革科擧
則先從明經科變了. 丈人以爲然. 天明而作. 復上樓. 招功令生開書閣. 出兩
先生文集. 讀靜菴經筵諸啓. 無一句支辭蔓語. 不蹈襲洛建名理. 一出於己.
而亦粹然忠愛溢發. 非苟爲觀美也. 當與伊訓, 說命相表裏. 轉及尤翁看書
雜錄. 丈人云昔年與閔元履來. 共讀朱文戊午讜議, 王梅溪文集兩序. 余爲
之拈出而讀之. 用追山中故事. 因下樓出洞門. 丈人三十年而後至. 余亦二十

年而至. 而丘壑巖瀑. 若經浩劫. 無復舊觀. 山水固無情者. 而不歷一世. 變幻乃爾. 況大化縱浪之中. 其生若浮者乎. 然磷峋之勢. 泠潛之響. 尙可與耳目謀. 悠然而虛. 淵然而靜者. 亦可與心神會. 是則不隨地而化. 千歲而一致也. 且是年卽趙先生殉道之歲也. 感甲子之復廻. 歎微言之莫紹. 是行也豈專爲泓崢樽俎役哉. 竊附高山景行之慕云爾.

출전: 洪直弼, 『梅山集』 「遊道峯記」

6

유관악산기

遊冠岳山記

이익李瀷

해제解題

「유관악산기遊冠岳山記」는 이익李瀷, 1681~1763의 문집인『성호전집星湖全集』 권53의 기記에 수록되어 있다. 이익은 2월 어느 날 관악산에 들어갔다가 불성암佛成菴에서 만난 노승老僧이 영주대靈珠臺와 네 곳의 자하동紫霞洞의 승경勝景이 뛰어나다고 말해 준 것을 적어놓았다. 또한 노승의 말에 따라, 그는 영주대와 북자하北紫霞 동자하東紫霞를 지나면서 그곳의 절경을 구경하고 돌아간 것을 기록해 두었다.

국역國譯

이해 2월 아무 날에 삼각산에서 방향을 돌려 관악산冠岳山에 들어갔다. 관동冠童 두서너 명과 함께 동강東岡을 넘어서 불성암佛成菴에 이르러 노승老僧과 이야기하였는데, 산승山僧이 말하기를, "관악산은 영주대靈珠臺[57]가 실로 가장 높은 봉우리인데 산의 승경勝景이 이보다 뛰어난 곳이 없습니다. 그다음 가는 것은 자하동紫霞洞인데, 자하동이라고 이름 붙인 동이 네 군데 있습니다. 불성암에서 남쪽 아래에 있는 것을 남자하南紫霞라고 하고, 남쪽에서 방향을 틀어 서쪽으로 들어간 것을 서자하西紫霞라고 하는데, 모두 특별히 칭할 만한 점이 없습니다. 영주대 북쪽에 있는 북자하北紫霞는 자못 맑고 깨끗하지만 그래도 동자하東紫霞의 기이한 경관만은 못하니 거기에는 못도 있고 폭포도 있어서 영주대의 다음이 됩니다. 그 외에도 절이나 봉우리 등 여러 가지 볼거리가 있습니다"

---

57) 영주대(靈珠臺): 신라 문무왕 때 의상대사(義湘大師)가 좌선하던 곳이라고 한다. 1392년(태조 1)에 고려의 유신들이 개성(開城)을 바라보며 임금을 그리워했다 하여 연주대(戀主臺)라고도 하였다. 이후 효령대군이 수행하던 곳이라고도 하고 세조가 기도하던 곳이라는 설도 있다.

라고 하였다. 나는 곧 해질녘에 서암西巖에 올라 일몰日沒을 보고 그대로 암자에서 잤다.

해가 돋기를 기다리며 북쪽으로 올라가는데 봉우리로는 용각봉龍角峯과 비호봉飛虎峯, 바위로는 문암門巖과 옹암甕巖이 있었으니, 모두 거쳐 온 곳이다. 의상봉義上峯에 이르렀는데, 옛날 의상義上이 살았던 곳이다. 관악사冠岳寺와 원각사圓覺寺 두 절을 지나서 영주대 아래에 이르러 영주암靈珠菴 터에서 쉬고, 마침내 대에 올랐다. 돌을 뚫어서 층계를 만들었는데 사람 하나 들어갈 만한 바위 틈을 따라서 가장자리를 붙잡고 조금씩 올라가 빙 돌아서 대의 꼭대기에 이르니, 삼면은 막힘없이 전부 바라보이고 서쪽에는 깎아지른 벽이 서 있었다. 벽에는 불상佛像이 새겨져 있고 다시 돌로 처마를 만들어 불상을 덮었다. 바위에 의지하여 단壇을 쌓았는데 돌을 쌓고 흙을 채워서 50여 명은 앉을 만하였으며, 바위 머리에 또 구멍을 파 등불 밝힐 곳을 만들어서 성중城中에 통지할 수 있었으니, 대개 나라에서 불교를 숭상하던 때에 한 일이라고 한다. 다시 차일봉遮日峯을 거쳐 북자하를 굽어보고 동자하를 지나서 폭포를 구경하고 돌아왔다.

원문原文

是歲仲春甲子. 自三角轉入冠岳. 與冠童數人. 逾東岡至佛成菴. 與老僧話. 山僧曰山有靈珠臺. 實最上峯也. 山之勝無高於此. 其次曰紫霞洞. 洞之名紫霞者有四. 自佛成而南下者謂南紫霞. 由南而轉西入曰西紫霞. 皆無可稱. 靈珠之北有北紫霞. 頗覺蕭灑. 猶不若東紫霞之奇觀. 有潭有瀑. 爲靈珠之亞. 其餘或刹或峯. 有種種可觀. 余乃晚登西巖看日沒. 仍宿於菴中. 候曥北上. 峯有龍角有飛虎. 巖有門有甕. 皆所歷也. 至義上峯. 古義上沙門所居也. 過

冠岳圓覺二寺. 至靈珠臺下. 憩靈珠菴址. 遂登臺. 鑿石爲梯. 遵隙而容人.
扳緣漸上. 回轉而抵于臺頂. 三面通望. 西立削壁. 壁刻佛像. 復爲石簷以
庇之. 靠巖築壇. 累石塡土. 可坐半百人. 巖頭又空窠爲明燭所. 可通照於城
中. 蓋國朝崇佛時事云. 復由遮日峯俯北紫霞. 歷東紫霞. 觀瀑布而返.

출전: 李瀷,『星湖全集』「遊冠岳山記」

7

유관악산기

遊冠岳山記

채제공 蔡濟恭

채제공(蔡濟恭): 1720(숙종 46)~1799(정조 23). 조선 후기의 문신. 본관은 평강(平康). 자는 백규(伯規), 호는 번암(樊巖) · 번옹(樊翁). 효종 때 이조판서 · 대제학을 지낸 유후(裕後)의 방계 5대손이며, 시상(時祥)의 증손으로, 할아버지는 성윤(成胤)이고, 아버지는 지중추부사 응일(膺一)이다. 어머니는 이만성(李萬成)의 딸이다. 홍주 출생. 여러 주요관직을 거쳐 영의정에까지 올랐다. 문장은 소(疏)와 차(箚)에 능했고, 시풍은 위로는 이민구(李敏求) · 허목(許穆), 아래로는 정약용(丁若鏞)으로 이어진다고 한다. 학문의 적통(嫡統)은 동방의 주자인 이황(李滉)에게 시작하여 정구(鄭逑)와 허목을 거쳐 이익(李瀷)으로 이어진다고 하면서 정통 성리학의 견해를 유지하였다. 때문에 양명학 · 불교 · 도교 · 민간신앙 등을 이단이라고 비판하였다. 그러나 이들 사상도 수기치인(修己治人)의 측면에서 선용할 수 있다면 포용해야 한다고 생각하였다. 천주교[西學]에 대해서도 패륜과 신이적 요소를 지닌 불교의 별파로서, 이적(夷狄)인 청나라 문화의 말단적인 영향이라고 인식하였다. 그러나 서학을 믿는 자에 대하여 역적으로 다스리라는 요구를 당론이라 배척하고, 정조의 뜻을 받들어 척사(斥邪)를 내세우면서도 교화우선 원칙을 적용하려 하였다. 자신의 시대를 경장이 필요한 시기로 생각했으나, 제도 개혁보다는 운영의 개선을 강조, 중간수탈 제거, 부가세 폐단의 제거들을 추진하고 간리(奸吏)의 작폐를 없앰으로써 국가재정 부족을 타개하는 것을 급선무로 생각하였다. 상업 활동이 국가 재정에 필요함을 인식했으나 전통적인 농업우선 정책을 지켰다. 또한, 사회의 안정을 위해서는 사족(士族) 우위의 신분질서와 적서(嫡庶)의 구별을 엄격한 의리로서 지켜야 한다고 하였다. 그는 영조연간 청남(南人淸流)의 지도자인 오광운(吳光運)과 강박(姜樸)에게서 학문을 배웠고, 채팽윤(蔡彭胤)과 이덕주(李德胄)에게서 시를 배웠다. 친우로는 정범조(丁範祖) · 이헌경(李獻慶) · 신광수(申光洙) · 정재원(丁載遠) · 안정복(安鼎福) 등이 있고, 최헌중(崔獻中) · 이승훈(李承薰) · 이가환(李家煥) · 정약용 등이 그의 정치적 계자가 된다. 저서로 『번암집』 59권이 전하는데, 권두에 정조의 친필어찰 및 교지를 수록하였다. 『경종내수실록』과 『영조실록』, 『국조보감』 편찬 작업에도 참여하였다.

해제|解題

「유관악산기遊冠岳山記」는 채제공蔡濟恭, 1720~1799의 문집인 『번암집樊巖集』 권35에 수록되어 있는 기문記文이다. 작자인 채제공이 미수眉叟 허목許穆이 83세라는 노령의 나이에도 불구하고 관악산 연주대戀主臺에 신선의 걸음걸이로 올랐다는 이야기를 듣고는 자신도 한 번 그곳에 올라가고자 하였다. 이에 병오년1786 4월 13일에 이숙현李叔賢과 함께 연주대와 차일암遮日巖에 오른 내용이 기문에 남아 있다. 연주대는 과거 양녕대군讓寧大君이 왕위를 피해 그곳에 올라와 궁궐을 바라보았고, 그곳의 햇살이 뜨거워 오래 머물 수 없어 장막을 쳤는데, 장막의 기둥을 고정시키기 위해서 바위 모퉁이에 파놓은 4개의 구멍이 뚜렷하게 남아 있었다고 한다. 그 때문에 대 이름을 연주대라고 하며 바위 이름을 차일암이라 전해진다고 기록되어 있다. 그러면서 자신도 허목처럼 83세가 되면 다시 연주대에 오를 것이라 다짐하고 있다.

국역|國譯

　나는 예전에 미수眉叟 허선생許先生58)께서 83세에 관악산冠岳山의 연주대戀主臺에 오를 때 걸음걸이가 나는 듯하여 사람들이 우러러보길 신선처럼 하였다는 것을 들었었다. 저 관악산은 경기 내에 있는 신령한 산이자 선현들께서 예전부터 노닐던 곳으로 한 번 그 정상에 올라 마음과 눈을 상쾌하게 하고 산을 앙모

---

58) 미수(眉叟) 허선생(許先生): 허목(許穆, 1595~1682). 미수는 그의 호. 자는 문보(文甫)·화보(和甫), 시호 문정(文正). 현감 허교(許喬)의 아들이며 이원익(李元翼)의 손녀사위이다. 경기도 연천의 향리이고 서울에서 성장하였지만, 영남 남인의 거두 정구(鄭逑)에게 학문을 배웠다. 사상적으로 이황·정구의 학통을 이어받아 이익에게 연결함으로써 기호 남인의 선구이며 남인 실학파의 기반이 되었다. 전서(篆書)에 독보적 경지를 이루었다. 문집 『기언(記言)』, 역사서 『동사(東事)』 등을 편집하였다.

하는 마음을 기르고자 하였으나 계속 생각만 했을 뿐 일에 얽매어 갈 수가 없었다.

병오년1786 봄에 노량진 강가에서 우거하고 있었는데, 관악산의 푸른빛이 거의 눈으로 들어오는 듯하여 산에 가고 싶은 뜻이 더해졌으나 뜻을 이루지는 못했다. 4월 13일 남쪽 이웃에 사는 이숙현李叔賢과 약속을 하고 말 타고 길을 나섰고 아이들과 종도 4~5명 따랐다.

10리쯤 가서 자하동紫霞洞으로 들어가 한 칸 정도 되는 정자 위에서 쉬었는데 정자는 신씨申氏의 별장이다. 계곡 물은 산골짜기에서 흘러나오는데 숲의 그늘이 뒤덮고 있어서 그 근원을 알 수가 없었다. 물길은 정자 아래 이르러 바위를 만나게 되는데, 날리는 것은 포말이 되고 고이는 곳은 푸른빛을 이루었다. 마침내 다시 넘실넘실 흘러가서 골짜기 입구를 한 번 휘감아 돌고 멀리까지 흘러가니 마치 옷감을 펴놓은 것 같았다. 언덕 위에는 철쭉꽃이 막 피어 바람이 지나가면 그윽한 향기가 때론 물을 건너 이른다. 산에 들어가기 전에 이미 시원하여 아득한 흥취가 있었다.

정자를 거쳐 다시 10리쯤 갔다. 길이 험해 말을 탈 수가 없어 여기서부터는 말과 마부를 집으로 돌려보냈다. 지팡이를 짚고 천천히 걸어가 넝쿨을 잡고 골짜기를 건넜다. 앞에 인도하던 자가 절이 있는 곳을 잃어버려 방향을 분별할 수가 없었다. 시각은 해가 질 때까지 얼마 남지 않았고 길에는 나무꾼도 없어 물어볼 수가 없었다. 종 중에 어떤 이는 앉아 있고 어떤 이는 서 있으면서 어찌할 줄을 몰랐다. 갑자기 숙현叔賢이 나는 듯한 걸음걸이로 절벽을 올라가는 모습이 보였다. 주변 사람들이 바라보았으나 문득 간 곳을 알 수가 없어 그가 돌아오길 기다렸다. 한편으로는 괴이하고 한편으로는 괘씸하였다.

조금 뒤에 흰 승복을 입은 4~5명이 어디선가 빠르게 산을 내려오는 것이 보였는데 종들이 모두 소리 지르고 기뻐하며 "스님이 오셨다"고 하였다. 아마도

숙현이 멀리서 절을 보고 먼저 직접 승려들에게 가서 우리 일행이 이곳에 있다고 알렸던 것 같다. 이에 승려의 인도로 대략 4~5리쯤 떨어져 있는 절에 이르렀다. 절 이름은 불성사佛性寺로, 절의 삼면이 봉우리에 둘러싸여 있었고 한쪽 면만이 막히지 않고 확 트여 있었는데, 문을 열자 앉거나 누워서도 천 리 먼 곳까지 볼 수가 있었다.

다음 날 아침 해 뜨기 전에 밥을 재빨리 먹었다. 연주대戀主臺라는 곳을 찾아가려고 건장한 승려 약간 명을 선별하여 도움을 받았다. 승려들이 나에게 말하였다. "연주대는 여기서 10리쯤 떨어져 있는데, 길이 아주 험난해 나무꾼이나 중들이라 해도 쉽게 넘어갈 수 없으니 기력이 미치지 못할까 염려됩니다." 내가 말하였다. "천하의 모든 일은 마음에 달렸을 뿐이네. 마음은 장수요 기운은 졸개이니 장수가 가는데 졸개가 어찌 가지 않겠는가?"

마침내 절 뒤편의 가파른 벼랑길을 넘어갔는데, 간혹가다가 끊어진 길과 깎아지른 벼랑을 만나기도 하였다. 그 아래가 천 길이라 몸을 돌려서 절벽에 바짝 붙고 손으로 오래된 나무뿌리를 바꿔 잡으면서 조금씩, 조금씩 발걸음을 옮겼는데 현기증이 나서 감히 곁눈질도 못 하였다. 간혹 큰 바위가 길 한가운데를 차지하고 있는 곳을 만나게 되면 앞으로 나아갈 수 없었다. 그리 뾰족하지 않은 움푹 들어간 곳을 택해 자리 잡고 두 손으로 주변을 붙여 잡고서 더디게 미끄러져 내려갔다. 바지가 걸려 찢어져도 근심할 틈이 없었다. 이와 같은 곳을 여러 번 만난 뒤에야 비로소 연주대 아래에 이르렀다.

날은 이미 정오였다. 올려다보니 유람 온 사람 중에 우리보다 먼저 올라간 자들이 만 길이나 되는 절벽 위에 서서 몸을 굽혀 아래를 내려다보고 있었는데 흔들흔들 마치 떨어질 듯 보고 있으면 머리털이 모두 삐쭉삐쭉 솟아올라 똑바로 쳐다볼 수가 없었다. 종들로 하여금 큰 소리로 "그만두시오, 그만두시오"라고 하게 하였다. 나도 마음과 기력을 다해 엉금엉금 기어서 마침내 정상에 이르렀다. 정상에는 널찍한 바위가 있어 수십 명이 앉을 만하였다. 이름을 차일암遮日巖이라 하였다. 예전 양녕대군讓寧大君이 왕위를 피해 관악산에 와서 거주하실 때 가끔 이곳에 올라와 궁궐을 바라보았는데, 햇살이 뜨거워 오래 머물 수 없어 작은 장막을 치고 앉아 있었다. 바위 모퉁이에 구멍을 파서 제법 오목한 것이 4개인데, 장막의 기둥을 고정시킨 것으로 그 구멍이 지금까지 뚜렷하게 남아 있다. 대 이름을 연주대라고 하고 바위를 차일암이라 하는 것이 이 때문이다.

연주대는 구름 속까지 우뚝 솟아 있는데 나 자신을 돌아보게 되니 천하 만물 중에서 감히 높이를 함께 다툴 만한 것이 없었다. 사방의 봉우리들은 자그마해서 이루 헤아릴 수도 없었고 오직 서쪽에 기운이 쌓여 흐릿한데 마치 하늘과 바다가 이어져 있는 듯하였다. 그러나 하늘에서 보자면 바다고 바다에서 보자면 하늘처럼 보일 것이니, 하늘과 바다를 또한 누가 분간할 수 있겠는가? 한양의 도성이 밥상을 대한 듯이 바라보였다. 일단 소나무와 전나무가 빽빽하게 둘러싼 곳이 경복궁 옛터임을 알 수가 있었다. 양녕대군이 배회하며 군주를 그리워함을 비록 수백 년이 지난 지금에서도 상상할 수 있을 것 같았다.

나는 바위에 기대어 노래를 낭랑하게 외웠다. "산에는 개암나무가 있고, 진펄에는 도꼬마리가 있도다. 내 누구를 생각하는가? 서방의 그리운 임이로다. 저 그리운 임은 먼 서쪽의 사람이라오[山有榛, 隰有苓, 云誰之思? 西方美人, 彼美人兮, 西方之人]."[59] 숙현이 말하였다. "소리에 임금을 그리워함이 있으니 예나 지금이나 무슨 차이가 있겠습니까?" 내가 말하였다. "임금을 그리워하는 것은 인륜이니, 진실로 고금에 차이가 없다네. 다만 생각해봤을 때 내 나이 67세로 미수 어른께서 이 산을 오를 때 나이에 비교하면 16살이나 미치지 못하네. 그런데 미수 어른의 걸음걸이는 나는 듯하였고 나는 기력이 쇠진하고 숨이 차서 모든 것이

---

59) 산에는 … 사람이라오: 『시경(詩經)』 「패풍(邶風)·간혜(簡兮)」에 보인다.

괴롭다네. 도학과 문장에 고금의 사람이 서로 다른 것은 진실로 괴이할 것이 없지만, 근력이 옛사람에 미치지 못한 것은 어찌 이리 차이가 나는가? 천지신명의 힘을 입어 내가 만약 83세에 비록 남에게 업혀 온다 하더라도 반드시 이 연주대에 다시 올라 옛사람의 발자취를 이를 것이니 그대는 이를 기억해주시게."

숙현이 말하였다. "그때는 저 또한 마땅히 따라올 것입니다." 숙현의 나이는 지금 65세이다. 서로 한바탕 웃고 자리를 파하였다. 이날 돌아와 불성암佛性菴에서 묵고 다음 날 다시 노량진의 집으로 돌아왔다. 함께 유람한 사람들은 이숙현과 생질 이유상李儒尚, 족제族弟 서공叙恭, 아들 홍원弘遠, 종질從姪 홍진弘進, 척손戚孫 이관기李寬基, 청지기 김상겸金相謙이다.

원문原文

余嘗聞眉叟許先生八十三登冠岳之戀主臺. 步履如飛. 人仰之如神僊云. 夫冠岳. 王畿之靈山而先賢之所嘗遊者. 一欲登其上. 以壯心目. 以寓山仰. 耿耿有宿計. 澒涊莫之果矣. 歲丙午春. 寓鷺梁江上. 冠岳蒼翠. 幾欲入望. 意僛僛沮遏不得. 四月之旬有三日. 約南隣李廣國叔賢. 騎馬以出. 兒輩從者亦四五人. 行可十許里. 入紫霞洞. 憩一間亭上. 亭卽申氏庄也. 澗流自山谷來. 林樾覆之. 杳不知其源. 到亭下遇石. 飛者灑沫. 蓄者成綠. 終又演漾而出. 繞洞門遠去. 若練鋪焉. 岸上躑躅方開. 風過之. 暗香時能度水以至. 未入山. 已泠然有遐趣也. 由亭而行又可十許里. 路險峻不可以馬. 自此並所騎與僕夫遣還家. 杖策徐行. 穿葛度壑. 前導者迷失寺所在. 辨不得東西. 時日輪去地無幾. 道無樵不可以問. 從者或坐或立. 不知所爲. 忽見叔賢飛步上絶巘左右望. 閃不知所往. 待其還. 且怪且罳. 俄見白衲四五人從某處疾下山

來. 從者皆叫歡曰僧來. 蓋叔賢遙得寺. 先以身入告僧徒以吾行在此也. 於是
導以僧. 約四五里抵寺. 寺名佛性也. 寺三面繚以峯. 獨前一面軒豁無障礙.
開戶坐臥. 亦可以遊目千里. 翌朝. 日未出促飯. 訪所謂戀主臺者. 擇健僧若
干人左右之. 僧謂余曰. 臺去此十里有餘. 路絶險. 雖樵夫衲子. 亦未易凌躒.
恐氣力有所不逮. 余曰. 天下萬事. 心而已. 心帥也. 氣卒也. 其帥往. 其卒
焉得不往. 遂踰寺後絶巔行. 或值路斷崖懸. 其下千仞. 回身襯壁. 以手遞執
老叢根. 細細移武. 恐眩作不敢傍睨. 或值巨石全據路脊. 不可以前. 擇谽谺
之不甚銳削者. 據以尻. 兩手拄其傍. 遷延流下袴鉤以裂. 有不暇恤也. 如是
者凡數遭. 然後始抵臺下. 日已午. 仰見遊人之先我登臺者. 立在萬仞上. 踘
身俯下. 搖搖若墜下. 望之毛髮俱竦. 不能定視. 使從者高聲呼曰. 已之已之.
余亦盡心力匍匐傴僂. 卒乃窮其頂. 頂有石平鋪. 可坐數十人. 其名遮日巖.
昔讓寧大君避位來住冠岳. 時或登玆望闕. 苦日炙難久留. 張小帟以坐. 巖之
隅有鑿穴頗凹者四. 蓋所以安帟柱也. 穴至今宛然. 臺曰戀主. 巖曰遮日. 以
是也. 臺擢立雲霄間. 自顧吾身. 天下萬物. 無敢與之京也. 四方羣峯. 碌碌
無足計. 惟西邊積氣塊圠. 似是天海相連. 然以天觀則海也. 以海觀則天也
天與海. 又孰能辨也漢陽城闕. 如對食案. 一團松檜之環擁森列者. 可知爲
景福舊闕. 讓寧之徘徊睠顧. 雖百代之下. 可以想見其心. 余倚石朗誦曰. 山
有榛隰有苓. 云誰之思. 西方美人. 彼美人兮. 西方之人. 叔賢曰. 其聲也有
思戀主. 古今人何間. 余曰. 戀主. 是秉彝也. 固古今無間. 但念吾年六十七
耳. 視眉翁當日之年. 所不及爲十有六籌. 而眉翁步履如飛. 吾則力竭氣喘.
辛苦萬端. 道學文章. 古今人不相同. 固無怪也. 筋力之不如古. 何若是遼也.
賴天之靈. 余若至八十三. 雖擔舁. 必重上此臺. 以續古人之躅. 君其識之.
叔賢曰. 伊時吾亦當隨來. 叔賢年方六十有五. 相與大笑而罷. 是日. 還宿佛
性菴. 其翌還鷺梁之寓. 從遊者. 李叔賢及甥姪子李儒尙, 族弟敍恭, 兒子弘遠, 從姪子弘進, 李戚孫寬基, 傔人金相謙.

출전: 蔡濟恭,『樊巖集』「遊冠岳山記」

8

유수락산기

遊水落山記

이희조李喜朝

이희조(李喜朝): 1655(효종 6)~1724(경종 4). 조선 후기의 문신. 본관은 연안(延安). 자는 동보(同甫), 호는 지촌(芝村). 부제학 단상(端相)의 아들이며, 송시열(宋時烈)의 문인이다. 허적(許積)이 권세를 잡고 송준길(宋浚吉)을 배척하는 소를 올렸을 때 조정에서 누구도 감히 명변(明辨)하는 사람이 없었으나, 그는 김수항(金壽恒)에게 글을 올려 논박하니 김수항도 탄복하였다. 송시열이 귀양을 간 뒤에는 양주의 지동(芝洞)으로 물러가「대귀설(大歸說)」을 지었다. 1721년(경종 1) 신임사화로 김창집(金昌集) 등 노론 4대신이 유배당할 때 영암으로 유배되었고, 철산으로 이배 도중 죽었다. 1725년(영조 1) 신원되어 좌찬성에 추증되었다. 인천의 학산서원(鶴山書院)과 평강의 산앙재영당(山仰齋影堂)에 봉향되었다. 저서로는『지촌집』32권이 있다. 시호는 문간(文簡)이다.

해제解題

「유수락산기遊水落山記」는 이희조李喜朝, 1655~1724의 문집인『지촌집芝村集』권19의 기記에 수록되어 있다. 임술년1682, 숙종 8 단오절에 장인 김수흥金壽興과 여러 지인들과 함께 수락산을 유람한 내용이다. 세인 중에 수락산이 삼각산과 도봉산에 비할 바가 못 된다고 하였으나, 이희조와 함께 유람한 사람들은 오히려 수락산이 두 산보다 훨씬 뛰어난 것으로 평가하고 있다. 또한 이후에는 수락산의 절경이 세상에 크게 드러날 것이라고 확신하였다.

국역國譯

수락산은 동쪽 교외 30리 밖에 있다. 산의 남쪽과 북쪽에 모두 물과 돌이 있는데, 유독 '옥류동'이라고 하는 것이 가장 빼어나다. 옥류동은 아마도 매월당梅月堂이 지은 이름일 것이다. 흰 돌과 은색 폭포를 마주하고서 망연자실하였다. 걸어서 산 중턱에 이르니 또 상폭上瀑이 있는데 이름을 '금류金流'라고 하니, 더욱 기이하고 웅장하여 볼만하였다. 또 그 위쪽 가장 높은 봉우리 아래에는 매월당의 옛터가 있었다. 아마도 이 산의 빼어난 경치는 근기 지역에서 최고가 되어야 할 것이다. 그러나 세인 중에 논자들은 반드시 유독 삼각산과 도봉산을 제일이라고 일컫는 것은 어째서인가? 아마도 보고 들은 것에 갇혀 소문을 좇고 그 실상을 조사하지 않아서 일 것이다. 아니면 또한 유명해지고 은폐되는 것에 때가 있다는 것[顯晦有時]이 실로 옛사람이 탄식한 것과 같을 것이다.

나는 어려서부터 산 아래를 왕래하면서 그 산의 빼어남을 실로 많이 들었다. 영지靈芝로 와서 살았을 때는 마침 장인이신 퇴우당退憂堂 김상국[60]께서 이웃에 와서 살게 되어 마침내 누차 모시고 유람할 수 있었다. 이로부터 원근에 사는 선비들 또한 점점 다투어 와서 찾아보았으니, 그 보는 자가 또 내가 산 아래에 있다는 것 때문에 반드시 나를 주인으로 삼았었고, 나는 또 사람들이 와서 보기를 기다리지 않고 흥이 일어날 때면 바로 가기를 해마다 일상적으로 했었다. 그러나 2, 3년 지난 이후에 장인이 복관되어 조정으로 돌아가셨으니, 혼자 가야 하는 사실에 절로 탄식이 나왔다.

금년 단오절에 장인께서 석실石室에 성묘하였는데 온 김에 여계당余溪堂을 들렀다가 다시 이 산을 찾아서 예전 유람을 이었다. 이 여행에 곡운장[金壽增]과 학사 이세백李世白과 이세백의 아우 세면世勉은 장인을 따라왔고, 김창협金昌協 형·민진후閔鎭厚 군·내 동생 하조賀朝·조카 김진옥金鎭玉은 우리 집에서 함께 출발하였다. 지주地主인 목사 이유李濡와 동주洞主인 도정 이홍일李弘逸은 먼저 골짜기 안에 와서 기다렸고 아우 김창열金昌說[61]은 따르는 아이를 데려왔고 친척 김수만金壽萬 또한 따르는 사람을 데리고 함께 왔다. 이미 폭포 가에 도착해서 물줄기를 끌어와 곡수曲水를 만들어 놓았기에 젊은 사람과 나이 든 사람이 둘러앉아서 잔을 띄워 술을 마셨다.

저녁이 되자 흥이 다하였고 하늘에서 또 비를 뿌려 마침내 모두 덕사德寺로 돌아갔는데 목사의 아우 이담李湛이 또 광릉廣陵으로부터 와서 회합하였다. 이날 이 산에서 만난 사람들이 모두 "골짜기의 트임은 비록 부족한 점이 있는 듯하지만, 수석水石의 깨끗함과 폭포의 기이함의 경우는 요컨대 삼각산과 도봉산이 견줄 수 있는 것이 아니다. 이는 참으로 적확한 말이 될 것이며 오늘의 이 모임은 또 분명히 매우 성대한 일이다"라고 하였다.

---

60) 장인이신 …… 김상국: 영의정이었던 작자[이희조]의 장인 김수흥(金壽興)을 말한다.
61) 인물정보 미상.

066

나는 알겠다. 오늘 이후로 이산의 승경은 마땅히 세상에 더욱 크게 드러날 것이니, 비록 보고 들은 것에 국한된 자라도 오히려 어찌 다시 전날과 같겠는가. 유명해지는 것과 은폐되는 것에 때가 있다는 말이 진실로 나를 속이지 않는구나. 비록 그러하지만, 이는 바로 세상 사람의 관점에서 말한 것이다. 그것이 드러나는 것도 명命이고 드러나지 않는 것 또한 명命이니, 정히 사람들에게 알려지지 않아서 마침내 작은 언덕과 똑같이 일컬어지게 하더라도 그것이 산에 대해 무엇을 더하고 덜 수 있겠는가. 아! 산신령으로 하여금 사람과 같은 지식이 있게 한다면 그도 또한 나의 말을 타당하게 여기지 않겠는가. 모두가 말하기를 "오늘의 일은 기록이 없을 수 없다"라고 하여 내가 이에 쓰노라. 임술년 단오절 하루 뒤.

원문原文

水落山. 在東郊三十里外. 山南北皆有水石. 而獨其所謂玉流洞者爲最勝. 洞盖梅月堂所名. 而白石銀瀑. 對之爽然自失. 行到山半. 又有上瀑. 名金流. 益奇壯可觀. 又其上最高峯下. 有梅月堂故基在焉. 盖玆山之勝. 當甲於近畿. 而然世人之論者. 必獨稱三角道峯爲首. 何哉. 豈局於見聞. 徇其名而不究其實耶. 抑亦顯晦有時者. 實如古人所嘆耶. 余自幼. 往來山下. 固已飽聞其爲勝. 及乎來居靈芝也. 會値聘君退憂相國卜隣. 遂屢得陪遊焉. 自是遠近人士. 亦稍稍 爭來求見. 其見者又以余在山下也. 必以余爲主人焉. 余又不待人來見. 每興到輒往. 歲以爲常. 然自二三年來. 聘君旣還朝端. 則實有獨往之歎矣. 今年端陽節. 聘君省墓石室. 仍過余溪堂. 轉訪此山. 以續舊遊. 是行也. 谷雲丈與李學士世白其弟世勉. 隨聘君以來. 金兄昌協, 閔君鎭厚, 家弟賀朝, 金姪鎭玉. 自余家同發. 地主李牧使濡, 洞主李都正弘逸. 先已來待於洞中. 金弟昌說以童子從. 金族壽萬. 亦以從者偕. 旣至瀑上. 引流爲曲水. 少長環坐. 泛觴以取飮. 至夕興闌. 天又灑雨. 遂共歸德寺. 則牧使之弟湛. 又自廣 陵來會. 盖是日見此山者. 皆謂洞府之開豁. 雖若有所不足. 而至其水石之明朗. 瀑布之奇絶. 則要非三角道峯之可比. 此誠爲的確之論. 而今日此會. 又居然一大盛事也. 吾知而今以後玆山之勝. 當益大彰徹於世矣. 雖局於見聞者. 尙安得復如前日. 而所謂顯晦有時者. 眞不我欺矣. 雖然. 此乃自世人言之也. 其顯也. 命也. 不顯也. 亦命也. 正使不見知於人. 乃與丘垤同其稱. 其於山. 有何加損焉. 噫. 使山靈而有知也. 其亦以余言爲有當於心否. 咸曰. 今日之事. 不可無記. 余於是乎書. 歲壬戌端陽後一日.

출전: 李喜朝, 『芝村集』「遊水落山記」

9

기유

記游

김이안金履安

김이안(金履安): 1722(경종 2)~1791(정조 15). 조선 후기의 학자 · 문신. 본관은 안동(安東). 자는 원례(元禮), 호는 삼산재(三山齋). 상헌(尚憲)의 후손으로 창협(昌協)의 증손자, 원행(元行)의 아들이다. 당대의 학자였던 아버지에 게서 학문을 배웠다. 당시 북학파(北學派) 학자 홍대용(洪大容) · 박제가(朴齊家) 등과 교유를 맺어 실학에 관심을 보이기도 하였다. 그러나 아버지 문하에 출입하던 성리학자 박윤원(朴胤源) · 이직보(李直輔) · 오윤상(吳允常) 등 과의 교유 속에 전통적 성리학자로 더 알려졌으며, 또한 예설(禮說)과 역학(易學)에도 조예가 깊어 『의례경전기의 (儀禮經傳記疑)』· 『계몽기의(啓蒙記疑)』 등 많은 저술을 남겼다. 시호는 문헌(文獻)이다. 저서로는 『삼산재집(三山 齋集)』12권이 있다.

해제解題

　「기유記游」는 김이안金履安, 1722~1791의 문집인 『삼산재집三山齋集』 권8에 수록되어 있는 기문記文이다. 작자인 김이안이 병술년1766, 영조 42 늦가을에 과거에 자신이 유람했던 일을 떠올리면서 기문으로 남겼다. 병인년1746, 영조 22 봄에는 홍재洪梓, 김양행金亮行, 서형수徐逈修, 박달원朴達源 등과 함께 수락산水落山 옥류동玉流洞을 유람하였다. 임신년1752, 영조 28 9월에는 유한정兪漢禎과 함께 남한강으로 들어가 단풍구경을 하였다. 그리고 두 차례에 걸쳐 여러 벗들과 삼각산三角山에 오르기도 하였다. 갑신년 9월과 을유년 늦봄에 송명흠宋明欽과 같이 속리산俗離山에 올라 법주사法住寺·복천사福泉寺·중사자암中獅子菴·화양동華陽洞·환장암煥章菴·선유동仙游洞을 둘러보고서 돌아갔다.

국역國譯

　병으로 작은 집에 누웠으니 단지 책에 의지할 뿐이다. 문득 지치고 울적할 때마다 전에 유람했던 일을 기억하면 하나의 상쾌한 일이 되니 한두 가지를 미루어 기록하여 지난 자취를 보존한다. 병술년1766, 영조 42 늦가을이다.

　경성京城의 동쪽에 유람할 만한 것으로 수락산水落山의 금류동金流洞 옥류동玉流洞과 도봉서원道峰書院과 조계폭포曹溪瀑布가 있는데, 석교石郊에서 살았을 때 모두 한 번씩 가보았다. 옥류동 동쪽 몇 리쯤에는 문암門巖이라는 것이 있는데, 사오 장四五丈 높이의 쌍벽이 마주 보고 서 있고 그 위에 횡석橫石이 놓여있어 마치 문에 처마가 있는 것과 같았다. 물이 그 사이를 따라 뿜어 나오고 수풀이 우거져 어둑어둑한 분위기가 오싹하게 할만하니, 또한 한 가지 볼거리이다. 그

러나 외딴곳이어서 오는 사람이 적었다. 병인년1746, 영조 22 봄에 대인大人과 구씨
舅氏62)와 종숙從叔 집의執義 공63) 및 서사의徐士毅64)·박사곤朴士混65)을 수행하여 옥
류동을 경유하여 와서 유람하였고, 연구聯句가 있다.66)

임신년1752, 영조 28 구월에 유흥지兪興之67)와 남한강으로 들어가서 단풍을 구경
하였는데, 찬란한 구름 비단처럼 성에 노란 잎이 가득하니 사찰 건물과 관청의
곳곳에 비쳤다. 개원사開元寺에 들어가니 절벽과 퐁퐁 솟는 샘이 또 내 마음을
느긋하게 만들었다. 날이 저물 때 서장대西將臺에 올라 강물을 굽어보니 술이
거나해져서 대화가 어지럽게 오고 갔던 때의 일이 눈앞에 있는 것 같이 선명하
게 떠올랐다. 강기슭에 이르니 이미 삼경이어서 배를 불러 달 아래에 띄워 돌
아갔다.

이 해 초겨울에 일 때문에 송경松京68)에 이르러 마침내 천마天磨에 들어가서
폭포를 관람하였다.69) 사람들이 "물이 줄어서 관람할 때가 아닙니다"라고 하
여, 나는 그 상류를 막게 하였다. 다음 날 아침에 이르러 막 진랑眞娘의 각시석
刻詩石70)에 기댔을 때, 물이 치달려 낭떠러지 꼭대기를 넘어 바로 떨어져 소리가
온 골짜기에 진동하였는데, 바라보니 은하수가 터져서 오는 것 같았고, 소 가

---

62) 구씨(舅氏): 김이안의 외삼촌인 홍재(洪梓, 1707~1781)이다. 본관은 남양(南陽), 자는 양지(養之)이다. 관찰사
성원(聖元)의 증손으로, 할아버지는 숙(璛)이고, 아버지는 구조(龜祚)이다.

63) 종숙(從叔) 집의(執義)공: 김이안의 종숙인 김양행(金亮行)이다.

64) 서사의(徐士毅): 서형수(徐逈修, 1725~1779)이다. 본관은 달성(達城), 자는 사의(士毅), 호는 직재(直齋)이다. 문
제(文濟)의 증손으로, 할아버지는 종대(宗大)이고, 아버지는 현령 명훈(命勳)이며, 어머니는 이세무(李世茂)의
딸이다. 김이안의 아버지인 김원행(金元行)의 문인이다.

65) 박사곤(朴士混): 이 사람은 『삼산재집(三山齋集)』에 실려 있는 「朴士混[達源]別歸淸州口號以贈」을 통해 봤을
때 '달원(達源)'이라는 이름을 썼던 것으로 보인다.

66) 대인(大人)과 …… 있다: 김이안을 포함하여 여섯 사람이 연구(聯句)로 지은 시가 「門巖瀑布聯句
句)라는 제목으로 김원행의 『미호집(渼湖集)』에 실려 있다.

67) 유흥지(兪興之): 이름은 유한정(兪漢禎)이고, 흥지(興之)는 자(字)이다.

68) 송경(松京): 근세조선(朝鮮) 이후에 개성(開城)을 송악산(松嶽山) 밑에 있던 서울이란 뜻으로 일컫던 말이다.

69) 천마(天磨)에 …… 관람하였다: 김이안이 이때 개성의 천마산에 있는 박연폭포를 관람하였다.

70) 진랑(眞娘)의 각시석(刻詩石): 진랑은 송도삼절(松都三絶)의 하나인 황진이를 가리키고, 각시석은 황진이의 시
를 새겨놓은 바위이다.

운데 얼음 조각이 서서 부서지니 검은색과 흰색이 절구질하는 것 같이 서로 섞였다. 나는 놀랍고 기뻐서 잔을 잡았으나 마실 입을 찾지 못하자 승려들이 웃었다. 이윽고 물이 점점 줄어갈 때 벽을 따라 우연히 경치를 접하였는데 뿜어 일어나는 것이 흰 눈이 허공에 흩날리는 형상을 만드니 또 하나의 기이한 경관이었다. 지금 15년이 지났지만 매번 꿈속에서 그곳을 오가니 끝내는 다시 여장旅裝을 꾸려 가볼 것이다.

일찍이 여러 벗과 북쪽 한강의 보광사普光寺에서 만나 시문時文을 지었는데 마치 갑자년의 일과 같았다. 절의 서쪽으로 청담淸潭과의 거리가 25리이다. 오직 승려 하나만을 데리고 걸어서 찾았는데 10여 리를 잘못 에둘러서 이르렀다. 골짜기 안의 봄 추위에 얼음과 눈이 아직 없어지지 않았다. 돌 위에 잠시 앉아서 인수봉을 올려보다가 돌아왔는데, 서문에 이르렀을 때 밤은 칠흑같이 어두웠고 다리의 통증은 심하여 열 걸음에 아홉 걸음을 넘어져서 승려로 하여금 앞에서 끌고 가게 하였으니, 평생 이런 낭패가 없었다.

어느 해 여름, 윤면승尹勉升 체건體健,[71] 윤면경尹勉敬 승태勝怠,[72] 김상도金相度 의지儀之,[73] 이인상李麟祥 원령元靈[74]과 함께 재차 방문하였다. 길에서 소낙비가 내려 계곡으로 들어가니 물소리가 이미 시끄러웠다. 돌다리를 건너서 바라보니, 내뿜고 쏟아지는 기세가 더욱 기이하였다. 첩첩이 쌓인 언덕과 돌이 굽이굽이 천태만상이었는데 유독 인수봉만 안개 속에 반쯤 들어갔다. 내가 원령元靈을 돌아보고서 "자네는 무엇이 도봉道峰과 같다고 생각하는가?"라고 하니, 원령이

---

71) 윤면승(尹勉升) 체건(體健): 1720년(숙종 46)~미상. 자는 순지(順之)·체건(體健)이다. 본관은 파평(坡平)이다. 증조는 윤리(尹理)이고, 조부는 윤창래(尹昌來)이며, 부친은 통덕랑(通德郎) 윤명언(尹命彦)이다.

72) 윤면경(尹勉敬) 승태(勝怠): 윤면승의 동생이다. 『숭정3기묘식년사마방목(崇禎三己卯式年司馬榜目)』(규장각한국학연구원)의 윤면승 인적사항에 보인다.

73) 김상도(金相度) 의지(儀之): 1721년(경종 1)~미상. 자는 의지(儀之)이다. 본관은 광산(光山)이다. 증조는 김만근(金萬謹)이고, 조부는 김진동(金鎭東)이며, 부친은 김서택(金瑞澤)이다.

74) 이인상(李麟祥) 원령(元靈): 1710(숙종 36)~1760(영조 36). 조선 후기의 문인화가. 본관은 전주(全州). 자는 원령(元靈), 호는 능호관(凌壺觀) 또는 보산자(寶山子). 경여(敬輿)의 현손이다.

말하기를 "말을 멈추시게. 한 굽이는 참으로 풍악楓嶽산에는 없는 것이지만 규모는 도봉산의 크기와 같지 못하네"라고 하였다. 내가 그에게 벌주 한 잔을 주자 원령이 흔쾌히 받아 마셨지만, 생각은 또한 양보하지 않았다. 날이 저물어서 돌아오는데 산골짜기의 계곡 물이 크게 불어나서 의지儀之는 몸이 거의 다 빠졌다. 내가 훗날 생각해보니 원령의 말에 식견이 있었지만, 이미 지난 일이라 미처 한 번 사과하지 못한 것이 안타깝다.

갑신甲申년 구월九月에 대인大人께서 속리산 산중에서 역천櫟泉 송宋씨 아저씨[75]를 만났는데, 나는 이 산 주인이 된 지 마침 몇 개월째였다. 애초 부임하자마자 곧바로 한 번 유람했었고 이때에 이르러 또 따라갔는데, 말을 몰아 골짜기에 들어가니 잎이 떨어진 나무와 맑은 샘물이 이미 늦가을 소리를 만들었다. 대인께서 막 송공과 법주사法住寺에 머물고 있었는데, 내가 온 것을 보고서 마침내 앞장서라고 하였다. 경치 좋은 곳을 만날 때마다 수레를 세워놓고 땅에 앉아서 담소를 나누었으며, 관동官僮 중에 쇠젓대를 잘 부는 놈이 있어서 두세 곡조 길게 연주하게 하고 연주가 끝나면 일어났다. 날이 저물어 동대東臺에 이르러 그곳에 오르니 겹겹의 언덕과 산봉우리가 사방으로 에워싸고 있었다. 산에는 단풍나무가 많아 진한 붉은색과 옅은 황색이 백석白石·청송靑松과 서로 현란한 빛을 발하였는데, 마침 햇빛이 거의 사라지려 하자 이내[76]가 빠르게 모여들어 갑자기 밝았다가 갑자기 어두워져 광채가 떠다니니, 사람들이 "이 산은 가을에 유람해야 한다"라고 한 말을 믿을 수 있었다. 밤에 복천사福泉寺에서 묵었는데 대통으로 흘러와 떨어지는 물이 새벽이 되니 마치 비가 내리는 것 같았다. 중사자암中獅子菴에 이르러 나는 일 때문에 먼저 돌아갔다.

화양동華陽洞은 보은현報恩縣 동쪽 70리 떨어진 곳에 있다. 을유乙酉년 늦봄에

---

75) 송宋씨 아저씨: 송명흠(宋明欽, 1705~1768)이다. 조선 후기의 문신·학자, 본관은 은진(恩津), 자는 회가(晦可), 호는 역천(櫟泉)이다. 아버지는 요좌(堯佐)이며, 이재(李縡)의 문인이다.

76) 해 질 무렵 멀리 보이는 푸르스름하고 흐릿한 기운.

대인께서 또 송씨 아저씨와 함께 유람하기로 약속했는데 나는 관청의 일이 바빠서 이틀 뒤에 들어가 뵈었다. 원사에서 두 승려가 나와 나를 인도해 갔는데 대인을 찾아뵈니 막 암서재嚴棲齋에 앉아계셨고 제생諸生 십여 명이 모시고 있었다. 맑은 못과 푸른 빛 절벽이 옷자락에 서로 비치니 이미 소연히 세속이 아니었는데, 유독 송공宋公만 오지 않아서 한줄기 섭섭함을 만들었다. 이날은 환장암煥章菴에서 묵고 일찍 일어나 파천巴串[77]에 이르니 아침 햇빛이 골짜기를 가득 채워 반석磐石이 숫돌처럼 반들반들했다. 물이 여기에 이르면 정처 없이 사방으로 흩어져 시원하게 흘러 막힘이 없었다. 우연히 작은 틈을 만나면 콸콸콸 소용돌이 쳐 흘러가는데, 반사되는 빛이 요동을 쳐서 사람으로 하여금 일어나 춤추게 하였다. 들건대 동춘당 선생[송준길]이 일찍이 여기에 이르렀을 때 우옹[송시열]에게 말하기를 "이곳의 경치가 참으로 좋습니다. 다만 물소리가 시끄럽습니다"라고 하니, 우옹이 웃으면서 말하기를 "저 또한 검담黔潭[78]의 적막함이 싫습니다. 선배의 취향이니 각기 달라도 상관없을 것입니다"라고 하였다 한다. 또 전에 선유동仙游洞을 유람하니 수석水石이 더욱 기이하고 높아서 즐길만하였는데, 여기서부터 대인께서는 외선유동外仙游洞[79]으로 옮겨갔고 나는 또 곧바로 돌아왔다. 홍洪 군 홍지弘之[80]가 일찍이 말하기를 "화양동과 선유동 사이에 마을이 있는데 만전

---

77) 파천(巴串): 화양구곡(華陽九曲) 중에 제9곡으로, 계곡에 펼쳐져 있는 넓은 바위들 모양이 용의 비늘을 꿴 것처럼 생겨서 파천이라는 이름이 붙었다고 한다.

78) 검담(黔潭): 검담은 송준길이 정자를 짓고 살았던 곳이다. 참고로,『미호집(渼湖集)』에 "문의현(文義縣) 서쪽 형강(荊江) 하류에 검담(黔潭)이란 곳이 있는데, 우리 동춘당(同春堂) 송 선생이 그 물과 산의 경치가 빼어나게 아름다운 것을 사랑하여 이곳에 작은 정자를 짓고서 임하여 '보만(保晩)'이라 이름 짓고는 때때로 걸음 하여 놀고 쉬면서 도학(道學)을 강론하는 것을 낙으로 삼았다[文義縣之西荊江之下流 有所謂黔潭者 我同春宋先生 嘗愛其湖山佳絶 築小亭以臨之曰保晩 時時杖屨遊息 講道以爲樂]"라는 말을 보인다.『미호집(渼湖集)』권16「검담서원묘정비(黔潭書院廟庭碑)」

79) 외선유동(外仙游洞): 김창협의 기록이 참고할만하다. "외선유동(外仙游洞)도 문경에 있는 것으로, 화양과의 거리는 50여 리이다. 이 또한 하나의 바위가 골짜기를 이루었는데, 물이 바위 안에서 나와 영롱한 것이 해맑아서 마음에 들었다. 규모는 내선유동과 비슷하나 빼어나게 웅장한 면은 그에 미치지 못하니, 내선유동에 비하면 자제(子弟)뻘이 될 것이다[外仙游洞 亦聞慶地 距華陽五十餘里 亦全石爲洞 水由石中行 嵌空玲瓏 淸絶可愛 規模似內仙游 而奇壯不及 當爲子弟行矣]."『농암집(農巖集)』권23「화양제승기(華陽諸勝記)」

80) 홍(洪) 군 홍지(弘之): 홍대용(洪大容, 1731 1783)이다. 조선 후기의 실학자·과학사상가. 본관은 남양(南陽).

^{晩田}이라고 합니다. 두메산골이어서 세상을 피해서 살 수 있습니다"라고 하였다. 그가 일찍이 그 속을 왕래하면서 풀을 베고 황무지를 개간하여 살 곳을 정할 계획을 세우고 나를 한 번 방문하게 하였지만 또한 바빠서 끝내 가지 못했다.

원문原文

病臥斗室. 只賴書帙耳. 忽復悁鬱. 憶前時游歷事. 爲一爽然. 追記一二. 以存往跡. 丙戌杪秋也.

京城東可游者. 有水落山之金流玉流洞道峰書院曹溪瀑布. 余家石郊時皆一至. 而玉流東數里. 有所謂門巖. 雙壁對立四五丈. 上戴橫石若門而簷者. 水從其間噴瀉. 陰森可怕. 亦一觀也. 地僻鮮至者. 丙寅春. 陪大人舅氏從叔執義公及徐士毅朴士混. 由玉流來游. 有聯句.

壬申九月. 與兪興之. 入南漢看楓. 滿城黃葉. 燦如雲錦. 佛宇官廨. 處處暎帶. 入開元寺. 斷壑鳴泉. 又令人意脩然. 日暮登西將臺. 俯觀江流. 酒酣談亂時事. 如在目前. 到江岸. 已三更矣. 呼舟泛月而歸.

是歲孟冬. 以事至松京. 遂入天磨. 觀瀑布. 人言水縮非觀時. 余令壅其上流. 翌朝至焉. 方據眞娘刻詩石. 水驟跨壁巓直下. 聲震一洞. 望之若決銀漢而來也. 潭中氷片. 立糜碎. 黑白相盪如春. 余狂喜. 引盃失口處. 僧輩竊相笑. 已而水寖衰. 附壁遇觸焉. 噴起作白雪漫空狀. 又一奇耳. 今十五年. 魂夢每往來其間. 終當更費筇屐也.

嘗與諸友. 會北漢普光寺. 作時文. 似甲子歲事. 寺西距淸潭二十五里. 獨携

자는 덕보(德保), 호는 홍지(弘之). 담헌(湛軒)이라는 당호(堂號)로 널리 알려져 있다. 대사간 용조(龍祚)의 손자이며, 목사(牧使) 역(?)의 아들이다. 어머니는 청풍(淸風) 김씨 군수 방(枋)의 딸이고, 부인은 이홍중(李弘重)의 딸이다.

一僧步尋. 誤迂十餘里而至焉. 洞中春寒. 氷雪未開. 少坐石上. 仰見仁壽峰而歸. 至西門. 夜黑如漆. 脚痛甚. 十步九跌. 使僧前曳而行. 平生無此狼狽也. 某年夏. 與尹勉升體健勉敬勝怠金相度儀之李麟祥元靈. 再訪焉. 道驟雨入谷. 水聲已洶洶. 踰石梁以望. 噴瀉之勢益奇. 層崖疊石. 曲有態狀. 獨仁壽半入霧中耳. 余顧元靈曰. 君謂孰與道峰. 靈曰止語. 一曲亦楓嶽所無. 規模不如道峰之大. 余爲罰一觥. 靈欣然受飮. 意亦不伏也. 暮歸. 山溪大漲. 儀之幾溺焉. 余後思靈言有見. 惜已故不及一謝耳.

甲申九月. 大人會櫟泉宋叔于俗離山中. 余爲此山主. 適數月矣. 始下車卽一游. 至是又從焉. 驅馬入洞. 落木淸泉. 已作深秋聲. 大人方與宋公. 留法住寺. 見余至. 遂命前進. 遇佳處. 輒停輿. 地坐談笑. 而官僮有善吹鐵篴者. 令遙作三兩弄. 聲盡則起. 暮至東臺登焉. 重岡複嶂. 四顧環合. 山多楓. 濃丹淺黃. 與白石靑松. 相爲映發. 會日色欲盡. 嵐烟驟集. 倏明倏暗. 光氣浮動. 人言此山宜秋遊. 信哉. 夜宿福泉寺. 筧水達曉如雨. 至中獅子菴. 余以事先歸. 華陽洞. 在報恩縣東七十里. 乙酉季春. 大人又約宋叔同游. 余苦官事. 後二日而入謁. 院祠出二僧. 導余去. 仰見. 大人方坐巖棲齋. 而諸生十餘人侍焉. 澄潭翠壁. 暎帶衣裾. 已蕭然非世中也. 獨宋公不至. 爲一流悵. 是日宿煥章菴. 早起至巴串. 朝暉滿谷. 磐石晶瑩如礱. 水至是. 流離四出. 豁然無礙. 偶得少罅. 卽噴薄洄漩以去. 光影搖蕩. 令人欲起舞. 聞同春先生嘗至此. 謂尤翁曰. 此中固佳. 但水聲喧聒耳. 尤翁笑曰. 我亦病黔潭寂寥. 先輩趣尙. 不妨其各異歟. 又前爲仙游洞. 水石益奇峻可喜. 自此大人轉入外仙游洞. 而余又徑歸. 洪君弘之. 嘗言華陽仙游間. 有村曰晚田. 地奧可避世. 渠嘗往來其中. 誅茅墾荒. 爲卜居計. 令余一訪. 亦忽忽未果也.

출전: 金履安, 『三山齋集』「記遊」

10

유수락소기

遊水落小記

오희상 吳熙常

오희상(吳熙常): 1763(영조 39)~1833(순조 33). 조선 후기의 문신. 본관은 해주(海州). 자는 사경(士敬), 호는 노주(老洲). 진주(晉周)의 증손으로, 할아버지는 대제학 원(瑗)이고, 아버지는 대제학 재순(載純)이며, 어머니는 영의정 이천보(李天輔)의 딸이다. 예조판서 재소(載紹)에게 입양되었다. 어려서부터 형 윤상(允常)에게 수학, 학문의 방법은 자수자득(自修自得)을 주로 하여 성리학의 깊은 뜻에 정통하였다. 성리학을 깊이 연구하여 이황(李滉)과 이이(李珥)의 양설 어느 쪽에도 치우치지 않고 절충적인 태도를 취하였으며, 주리(主理)·주기(主氣)의 양설에 대해서는 주리설을 옹호하였다. 이조판서에 추증되었으며, 저서로는 『독서수기(讀書隨記)』·『노주집』 등이 있다. 시호는 문원(文元)이다.

해제解題

「유수락소기遊水落小記」는 오희상吳熙常, 1763~1833의 문집인 『노주집老洲集』 권15의 기記에 수록되어 있다. 경술년1790, 정조 14 음력 7월 16일에 조진구趙鎭球·민치복閔致福과 함께 수락산을 유람한 내용이 적혀 있다. 세 사람은 금류폭포金流瀑布·도봉道峰·소광정昭曠亭·청랭각淸泠閣 등에 오르면서 수락산의 기이한 경치를 유람하였다. 또한 작자인 오희상은 평소 마음이 맞는 사람과 산수의 경치를 즐기게 되어서 답답한 마음을 떨쳐버릴 수 있었으며, 서로 만나는 사이에 계발啓發하는 바가 많아서 잊을 수 없는 점들을 기문記文으로 삼았음을 밝히고 있다.

국역國譯

경술년1790 음력 7월 16일에 조국진趙國珍[81]·민원리閔元履[82]와 약속하여 수락산水落山의 승경을 유람하고자 하였다. 이른 아침 종암정사鍾巖亭舍에 모여서 점심을 먹고, 송산松山의 동지同知 남한길南漢吉 집에 들러 길을 아는 소년을 데리고서 말을 버리고 걸어갔다. 옥류동玉流洞에 이르니, 나무 그늘 사이에 어스름이 이미 짙게 깔렸다. 바위 위에서 조금 쉬다가 마침내 방향을 돌려 금류폭포金流瀑布를 찾아가니, 달이 계곡 한가운데를 비추어 경치가 매우 기이하였다. 이에 짐 보따리를 풀고 술을 조금 마시고서 번갈아 시를 외며 물소리와 서로 오

---

81) 조국진(趙國珍): 조진구(趙鎭球, 1765~?). 자는 국진(國珍). 본관은 풍양(豊壤). 조준(趙㻐)의 아들이다. 1783년 증광시에 19세의 나이로 합격하였다.

82) 민원리(閔元履): 민치복(閔致福, 1766~1814). 자는 원리(元履), 호는 확재(擴齋). 김양행(金亮行)·이직보(李直輔)의 문인이다. 어릴 때부터 『소학』에 통달하고 여러 서적을 탐독하여 안목이 뛰어났으며, 본 것은 모두 기억하거나 외웠다고 한다. 1789년 사마시에 합격, 1803년 원릉참봉(元陵參奉)·동몽교관(童蒙敎官)을 지냈고, 호조·공조·형조의 낭관을 역임했다.

르내리느라 밤이 깊은 줄도 몰랐는데, 매우 허기가 져서 이에 절 안에 들어가 밥을 재촉하며 앉았다. 그런데 별안간 구름이 일더니 비가 쏟아지고 천둥과 벼락까지 쳐서 계곡 안을 뒤흔들었다. 조금 지나자 비가 개고 은하수가 반짝거렸으니, 또한 하나의 기이한 경치였다. 그대로 선실禪室에서 묵었다.

다음 날 아침 일찍 밥을 먹고 산문山門을 나와 서쪽 계곡을 두루 구경하였다. 이어서 도봉道峰을 향해가서 사당에서 참배하고[83] 침류당枕流堂으로 물러나와 앉아 옷자락을 풀어헤치고 서로 마주하여 고요히 서로의 형체를 잊었다. 저녁이 되자 장서각藏書閣으로 자리를 옮겨 장서각에 있는 주자서朱子書를 꺼내 함께 보면서 자세하게 토론하니 이치가 밝게 빛났다. 밤이 깊어지자 달빛이 매우 밝아 계곡가로 걸어나갔는데, 사방의 경치가 그윽하고 맑은 바람이 피부에 스몄으니, 오래도록 있다가 돌아와 재齋에서 묵었다. 다음 날 소광정昭曠亭에 올라 또 종서鍾墅를 거쳐 청령각淸冷閣에서 술잔을 기울이고 돌아오니, 날이 이미 저물었다. 나는 산수를 유람하는 것을 매우 좋아하였는데, 임금을 모시느라 겨를이 없었다. 그리하여 비록 마음껏 멀리 나가지는 못했지만 조금이라도 틈이 나면 번번이 소박하게 떠나 서울 주변의 산수에 나의 발자취가 두루 미쳤는데, 또한 벗들을 데리고 함께 간 적은 없었다. 이번에 유람한 산이 몇 곳이 되지만, 모두 가본 적이 있는 곳이어서 별도로 기술할 만한 것이 없다. 오직 마음이 맞는 사람과 산수의 경치 속에서 흐드러지고 질탕하게 놀아 답답한 마음을 떨쳐버릴 수 있었고, 또 서로 만나는 사이에 계발啓發하는 바가 많아서 잊을 수 없는 것들이 있으니, 그런대로 적어서 기문記文으로 삼는다.

83) 도봉서원: 1573년 조광조(趙光祖)의 학문과 덕행을 추모하기 위해 창건하여 위패를 봉안한 사당이다. 창건할 때 '도봉(道峯)'이라는 사액(賜額)을 받았고, 1696년에는 송시열(宋時烈)을 배향하였다. 경내에는 사우(祠宇)·신문(神門)·동협문(東夾門)·서협문(西夾門) 등이 있으며, 사우의 오른쪽에는 조광조의 위패, 왼쪽에는 송시열의 위패가 안치되어 있다. 가장 북쪽에는 조광조와 송시열의 위패가 모셔진 '정로사(靜老祠)'라고 하는 사당이 위치하고, 사당 오른쪽과 왼쪽으로는 유생들의 숙소인 동재[東齋: 습시재(習時齋)]와 서재[西齋: 의인재(依仁齋)]가 각각 자리하고 있다. 그 밖에 계개당(繼開堂), 침류당(枕流堂), 광풍당(光風堂)과 무우대(舞雩臺)·소광정(昭曠亭) 등이 있다.

원문原文

庚戌孟秋之旣望. 約趙國珍, 閔元履. 將遊水落之勝. 夙朝會于鍾巖亭舍午飧. 歷投松山南同知漢吉家. 携其少年之知路者. 舍馬而徒. 比至玉流洞則林樾之間. 暝色已蒼然矣. 少憩石上. 遂轉尋金流. 月照溪心. 境落甚奇. 解橐中酒少酌. 迭誦詩騷. 與水聲相上下. 不覺夜久而飢甚. 乃入寺中. 催飯而坐. 俄而忽然雲興而雨驟. 兼以雷電. 震撼崖谷. 少頃而開霽. 星河皎潔. 亦一奇也. 仍宿禪室. 翼朝蓐食. 出山門歷賞西溪. 仍向道峰謁廟. 退坐枕流堂. 披襟相對. 澹然忘形. 到夕移席藏書閣. 出閣中朱子書共看. 極意譚討. 名理爛然. 夜闌月色甚明. 步出溪上. 四境幽寂. 爽籟逼肌. 良久還宿齋中. 明日登昭曠亭. 又由鍾墅. 觴于淸泠閣而還. 日已昳矣. 余酷喜山水之遊. 而顧侍側少暇. 雖不得恣意遠出. 苟有少隙. 輒眞率而出. 近京泉石. 足跡殆遍. 而亦未嘗携朋知共之. 玆遊諸山雖幾. 皆曾所經行. 別無可述. 惟得與會心人. 爛漫跌宕於嶽色泉聲. 足以遣滯思. 而又於相觀之際. 多所啓發. 有不可忘者. 聊書而記之.

출전: 吳熙常,『老洲集』「遊水落小記」

11

유수락소기

遊水落小記

홍직필洪直弼

해제解題

「유수락산기遊水落山記」는 홍직필洪直弼, 1776~1852이 수락산의 청절사와 산수의 아름다움을 감상하고 기록한 것이다. 청절사는 매월당 김시습이 10년간 은거하던 곳이다. 필자는 수락산의 아름다움이 사람을 통해서 밝게 드러나니, 이 구역이 김시습을 만나지 못했다면 빈산의 초목과 같았을 것이라 평하였다. 또한 도봉산의 형세와 비교하여 수락산의 경치가 사람으로 하여금 즐거워 돌아가는 것을 잊게 할 정도로 좋다고 기술하였다. 해가 떨어져서 금류동과 옥류동은 후일에 가보기를 기약하며 아쉬운 심경을 기록하였다.

국역國譯

징악澄岳 장인丈人이 일찍이 "청절사淸節祠[84] 앞 수석의 아름다움이 도봉산보다 나은 듯하다"고 한 적이 있다. 도봉으로부터 장인을 따라 청절사를 찾으니, 청절사는 수락산 아래 서계西溪 가에 있었다. 정자가 날아갈 듯하여 그 사이에 임하였으므로 난간에 기대어 조금 쉬다가 청절사 뜰로 들어가 절을 하고, 당에 올라 상을 살펴보니 바로 두타[85]의 모습이었다. 그런데 삭발을 하고 구레나룻이 있음이 또한 기이하였다. 내가 "김밀암[86]이 절하지 않은 것이 당연하다. 그러나 농암을 따라 절을 하는 것이 마땅하다"라고 하였다. 인하여 예년에 지

---

84) 청절사(淸節祠): 동봉서원(東峰書院)이라고 하는데, 매월당(梅月堂) 김시습을 모셨던 곳이다. 사액은 청절사에 내려졌으나 이곳의 유림들은 동봉서원이라고 불렀다. 이 동봉서원의 전신은 폭천정사(瀑泉精舍)인데 폭천정사는 매월당 김시습이 10여 년간 은거하던 곳으로 김시습이 서거정(徐居正)과 시를 나눴다고 전해진다. 남양주시 청학리 사람들은 이곳을 매월당 서당터라고 부른다.

85) 두타: 범어 'dh ta'의 음역으로, 먼지와 번뇌를 떨어낸다는 의미인데 승려를 가리키기도 한다. 여기에서는 청절사에 있는 매월당의 초상이 머리카락이 없는 승려와 닮아서 이렇게 표현한 것으로 보인다.

86) 김밀암: 인물정보 미상.

날 때 지었던 시에서 '그대 머리 위에 터럭이 없는 것이 부끄럽네'라는 구절을 읊조리니, 장인이 그렇다고 하였다. 사당의 관리인이 심원록審院錄을 올리거늘, 내가 이름 적는 것이 마땅한지를 물어보니, 장인이 굳이 쓸 필요가 없다고 하여 마침내 쓰지 않으니, 그의 은미한 뜻을 알 수 있었다.

정자 위에서 다시 휴식을 취하고서, 정자를 내려와 바위에 기대어 시내에 임하니, 붉은 언덕 푸른 벽과 맑은 물, 흰 돌이 어느 하나 마음에 들지 않는 것이 없었다. 그 흐름은 비단 무늬와 같고 그 소리는 금을 타는 듯하며, 바람은 산꼭대기를 흔들고 소리는 언덕과 골짝을 진동하였다. 보는 것이 이미 조용함에 청력도 비로소 멀어져 가을 모습과 더욱 잘 어울리니, 여기에서 하늘의 높음과 구름이 높이 있음을 보고서 사람으로 하여금 즐거워 돌아가는 것을 잊게 하였다. 옛날엔 맑은 못이 있어, 검은빛을 머금고 응고된 기름처럼 고요하여 시커멓게 소리도 없었다. 그런데 홍수를 만나 난석들에 막히고 깨져 한 구역의 좋은 풍경을 파괴하였으니, 이것이 흠이다. 또 당국이 비탈과 낭떠러지가 험하고 좁으며, 수원 또한 얕고 짧으니, 이것이 실로 도봉보다 조금 부족한 점이다. 그러나 대소와 편정을 논하지 않고 단지 형체와 형세만 논하면 과연 도봉보다 나으니, 장인의 평이 잘 본 것이었다.

골짜기 입구 정 서쪽에 산이 웅장하게 우뚝 서 있어 형세가 마치 와서 조회하는 듯하니, 바로 '만장봉萬丈峯'이라고 하는 것이다. 신령하고 맑은 기운이 불뚝 솟아 우뚝하여 천지 사이에 쌓인 것은 다른 산이 얻지 못한 것이어서 마치 이 구역에만 귀속된 듯하여, 내 책상에 참여한 듯하여 만류를 다 드러내니, 사람에게 비유하면 우뚝하고 기이하여 만물의 밖에 홀로 선 자일 것이다. 내가 가리키며 말하기를 "이것이 이른바 '천 길 높이 깎아지른 절벽[壁立千仞]'이니, 선비가 말로에 태어나서 마땅히 이 기절을 취해야 한다. 그렇지 않으면 두려워하고 다급하여 동쪽으로 거꾸러지고 서쪽으로 떨어져 몸을 실추시키고 말 뿐입니다"라고 하고, 인하여 "생육신이 사육신에 뒤지지 않습니다"라고 하니, 장인이 말하기를 "당일에 스스로 절개를 지키는 도는 산 사람이 죽은 사람보다 어려웠다"라고 하였다.

아! 이것이 아마도 김열경[87]이 된 이유이다. 이 옹은 일찍 성대한 이름을 얻어 다섯 살 동자로 온 나라에 알려지는 데에 이르렀으니, 만일 관면을 찢어버리지 않았다면 몸을 지키고 해를 멀리하지 못했을 것이다. 자취를 불교에 의탁한 것은 자정해서 영릉에 바친 것이다.[88] 뜻을 굽히지 않고 몸을 욕되게 하지 않은 것은 마치 은나라의 백이·숙제와 같고, 몸은 도의 깨끗함에 들어맞고 벼슬을 버리고 폐해진 것이 권도에 들어맞은 점은 마치 오나라 태백·중옹[89]과 같으니, 태백·중옹·백이·숙제가 합하여 한 사람이 되어 인극이 확립하고 하늘의 기강을 실추시키지 않았으니, 생육신 중에 이 옹이 더욱 어려움이 되는 것이다.

아! 김열경은 사람 가운데 만장봉이고, 만장봉은 산 가운데 김열경이니, 기

---

87) 김열경: 김시습(1435~1493)을 가리킨다. 열경은 그의 자(字). 생육신의 한 사람이다. 서울 성균관 부근에 있던 사저에서 부친 김일성의 아들로 출생하였으며, 신동·신재(神才)로 이름이 높았다. 3세 때 보리를 맷돌에 가는 것을 보고 "비는 아니 오는데 천둥소리 어디서 나는가, 누른 구름 조각조각 사방으로 흩어지네[無雨雷聲何處動 黃雲片片四方分]"라는 시를 지었으며, 5세 때 이 소식을 들은 세종에게 불려가 총애를 받아 세상에 이름이 알려졌다. 이후 21세 때 삼각산 중흥사(重興寺)에서 공부하다가 수양대군이 단종을 내몰고 왕위에 올랐다는 소식을 듣고 통분하여, 책을 태워버리고 중이 되어 이름을 설잠(雪岑)이라 하고 전국으로 방랑의 길을 떠났다. 그는 끝까지 절개를 지켰고, 유·불 정신을 아울러 포섭한 사상과 탁월한 문장으로 일세를 풍미하였다. 1782년(정조 6) 이조판서에 추증, 영월의 육신사(六臣祠)에 배향되었다.

88) 자정을 …… 것이니: 공자가 은나라의 세 인자(仁者)라고 칭했던 기자(箕子), 비간(比干), 미자(微子) 중에서, 폭군 주(紂)를 피해 다른 나라로 감으로써 은나라의 신하된 도리를 잃지 않았던 미자의 행실을, 매월당에 비유하여 말한 것이다. 『서경·상서(商書)·미자(微子)』에 "스스로 의리(義理)에 편안하여 사람마다 스스로 선왕(先王)에게 뜻을 바칠 것이니, 나는 떠나가 은둔함을 돌아보지 않겠다[自靖, 人自獻于先王, 我, 不顧行遯]"라고 하였다.

89) 태백·중옹: 아우 계력이 왕위를 물려받을 수 있도록 형만(荊蠻)으로 도망친 태백(泰伯)과 중옹(仲雍) 형제를 가리킨다. 『논어·미자(微子)』에 "우중과 이일을 평하시기를 숨어 살면서 말을 함부로 하였으나 몸은 깨끗함에 맞았고, 폐함은 권도에 맞았다' 하였다[謂虞仲夷逸, 隱居放言, 身中淸, 廢中權]"라고 했는데, 주희가 "중옹이 오나라에 살적에 머리를 깎고 문신을 하고 벌거벗은 것으로 꾸밈을 삼았다. 은거하여 자기 혼자만을 선하게 한 것은 도의 깨끗함에 합하였고, 말을 마음대로 하여 스스로 폐한 것은 도의 권도에 합하였다[仲雍居吳, 斷髮文身, 裸以爲飾, 隱居獨善, 合乎道之淸, 放言自廢, 合乎道之權]"라고 풀이하였다.

절이 서로 비슷하여 응당 천지와 영원히 갈 것이다. 아름다움은 절로 아름답지 못하여 사람을 통해서 밝게 드러나니, 만일 이 구역이 이 옹을 만나지 못했다면, 곧 이 넓고 고요함은 빈산의 초목 속에서 황폐하게 없어졌을 것이다. 중간에 나쁜 사람에게 점유한 바가 되어 운림과 천석이 마치 더럽힘을 당한 듯하여, 거의 성대한 자취로 하여금 매몰되게 하였으니, 이것이 이 산의 수치가 되었을 것이다. 그러나 수락 한 구역이 예전대로 매월옹에게 속하여 주인으로 삼고 있으니, 누가 감히 그 사이를 간여하겠는가. 그때 마침 지나가는 승려가 금류동·옥류동 여러 좋은 경치를 극구 말하고, 이곳과의 거리가 수십 리 떨어져 있다고 하여 곧장 수행 승려를 따라가서 감상하고 싶었다. 그러나 해가 다 넘어갔기 때문에 서로 이끌고 골짜기를 나와서 산중에 약속을 남겨 후일 빚갚으려는 자료로 삼노라.

원문原文

澄岳丈人嘗云淸節祠前水石之勝. 勝似道峯. 自道峯隨丈人尋淸節祠. 祠在水落山下西溪之上. 有亭翼然. 臨于其間. 憑欄少憩. 入祠庭而拜. 升堂而審厥像. 卽頭陁形也. 削髮而存髾. 亦可異焉. 余謂金密菴之不拜固也. 然當從農巖而拜. 仍誦昔年經過時詩愧君頭上不存毛之句. 丈人以爲然. 祠僕進審院錄. 余問題名當否. 丈人謂不必書. 遂不書. 其微意可知也. 更憩于亭上. 下亭而倚巖臨澗. 丹崖翠壁. 淸泉白石. 無一不可意者. 而其流若織文. 其響若彈琴. 風動山頂. 韻動陵谷. 視之旣靜. 其聽始遠. 尤與秋容相宜. 於以見天之高氣之逈. 使人樂而忘返也. 舊有澄潭. 黛蓄膏渟. 沈沈無聲. 値大水爲亂石塞破. 壞了一區形勝. 是爲欠事. 且當局峭嶮狹隘. 水源亦淺短. 此固少遜

於道峯也. 不論其大小偏正. 秖論體勢則果勝於道峯. 丈人之評. 眞善觀也. 直洞門之西. 有山傑然特立. 勢若來朝. 卽所謂萬丈峯也. 其淑靈淸淑之氣. 扶輿磅礡. 委積於兩間者. 他山之所不能得. 而若專屬於玆區. 參我几案. 以極萬類. 譬諸人則卓犖魁奇. 獨立於萬物之表者也. 余指點曰此所云壁立千仞. 士生末路. 當認取此氣節. 不然則怵迫而倒東墜西. 失身乃已. 因言生六臣不下於死六臣. 丈人曰當日自靖之道. 生者難於死者. 嗚呼. 斯其爲金悅卿也歟. 斯翁早得盛名. 至以五歲童子. 爲通國之所知. 苟不毁冠裂冕. 罔克守身遠害. 托跡空門. 所以自靖獻于英陵者也. 不降志不辱身. 如殷夷齊. 身中淸廢中權. 如吳伯仲. 伯仲夷齊. 合爲一人. 人極旣立. 天綱不墜. 生六臣中斯翁爲尤難也. 嗚呼. 金悅卿人中之萬丈峯. 萬丈峯山中之金悅卿. 氣節相參. 當與天壤俱弊也. 美不自美. 因人而彰. 苟使玆區不遇斯翁. 則卽此寥廓泓渟. 蕪沒於空山草樹之中矣. 中間被匪人所占. 雲林泉石. 若被汚衊. 幾使盛跡鬱堙. 是爲玆山之羞. 然水落一區. 依舊屬梅月翁爲主. 則疇敢干乎其間哉. 時適有過僧. 盛說金流玉流諸勝. 距此爲數十里. 直欲隨飛錫往賞. 而限于日力. 相將出洞. 留約山中. 爲異日了債之資云.

출전: 洪直弼,『梅山集』「遊水落山記」

12

유천마성거양산기
遊天磨聖居兩山記

조찬한趙纘韓

조찬한(趙纘韓): 1572(선조 5)~1631(인조 9). 조선 중기의 문신. 본관은 한양(漢陽). 자는 선술(善述), 호는 현주(玄洲). 방언(邦彦)의 증손으로, 할아버지는 옥(玉)이고, 아버지는 양정(揚庭)이며, 어머니는 한응성(韓應星)의 딸이다. 위한(緯韓)의 아우이다. 문무의 재능을 겸비하였으며, 특히 시부(詩賦)에 뛰어나 초한육조(楚漢六朝)의 유법을 터득하였다고 한다. 말년에 서도를 즐겨 종왕[鍾王: 종요(鍾繇)와 왕희지(王羲之)]의 글씨에 비유되었다고 한다. 권필(權韠)·이안눌(李安訥)·임숙영(任叔英) 등과 교우하였으며, 후진으로 이경석(李景奭)·오숙(吳▓)·신천익(愼天翊) 등이 있다. 저서로『현주집』이 있다.

해제解題

「유천마성거양산기遊天磨聖居兩山記」는 조찬한趙纘韓, 1572~1631이 1605년 9월 7일부터 운거사雲居寺에 머무르면서 천마산과 성거산을 완상하고 산수의 아름다움을 기록한 것이다. 천天은 무엇보다 높고 커서 나란히 할 수 없는 것이고, 성聖은 신묘하게 변화하여 하늘과 공功이 나란한 것을 말한다. 필자는 두 산이 이러한 이름을 얻은 것은 사람들이 성인의 마음과 같이 담박하고 고요하게 되어 눈으로 보고 마음으로 깨닫게 하기 위한 것이라 생각했다. 그리하여 두 산을 따라 유람하며 흥취를 돋우고 산의 이름을 되짚어 천과 성에서 멀리 떨어지지 않기를 바라는 심경을 기술한 것이다. 필자는 박연폭포를 시작으로 관음암觀音庵, 태종대太宗臺, 기담妓潭, 지족암知足庵, 현화사玄化寺 등등 다양한 곳을 둘러보고 깨달은 바를 상세히 기술해 놓았다.

국역國譯

무엇보다도 높고 커서 나란할 수 있는 사물이 없는 것을 천天이라고 하고, 무엇보다도 신묘하게 변화하여 하늘과 공功이 나란 것을 성聖이라고 한다. 천과 성은 천하에서 무엇보다 존귀한데 두 산이 '천'과 '성'이 들어간 호칭을 얻었으니, 두 산이 다른 여러 산과 구별됨은 굳이 변별하려고 하지 않아도 분명하다. 무릇 이 산을 유람하는 자는 이 길을 거치지 않는 이가 없고, 이 산을 관람하는 자는 이 경관을 찾아가지 않는 이가 없지만, 취趣에는 많고 적음의 차이가 있고 흥興에는 얕고 깊음의 차이가 있으니, 즐기는 것이 나에게 달려 있지 저 사물에 달려 있지 않으며 마음에 달려 있지 눈에 달려 있지 않은 것이 어찌 아니겠는가? 그 즐거움이 어떠한지를 보고 그 사람이 어떠한지를 증명한다면, 또 한 사람을 잘 안다고 할 수 있을 것이다!

처음 왔을 때에 운거사雲居寺에서 묵었는데, 운거사는 오래된 절이다. 법당이 융성하며 화려하고, 동서東西로 두 개의 방이 있으며 계단 아래에는 가로놓여진 방이 있고 또 별전이 있는데, 모두 매우 찬란하여 볼 만하다. 운거사에서 서쪽으로 5리만 가면 박연폭포가 있는데, 상연上淵과 하연下淵이 있다. 대개 박연폭포의 빼어난 경치는 천하의 장관이요 사해四海의 으뜸이니, 한 가지 한마디 말로 기리고 칭송하여 그 형세를 드러낼 수 있는 것이 아니다. 하연下淵은 푸른 절벽이 깎아지른 듯하고 노을로 치마를 두르고 안개로 재단한 듯하며 담장이 우뚝 솟아있고 병풍을 두른 듯하니 높이는 수백 길이요 너비는 수백 보쯤 된다. 폭포가 쏟아지는 것은 바로 돌부리로부터 나오고 돌부리가 매달려 있는 것은 바로 벼랑 속을 마주하고 있으니, 쏜살같이 내뿜고 세차게 요동치며 우레가 치는 듯하여, 하늘이 열리자 붉은 노을이 떨어지고 구름이 걷히자 용이 꿈틀대는 것처럼 웅장하였다. 마침내 폭포물이 모여 못을 이루었는데, 못의 너비는 겨우 수십 걸음 정도 되고, 가득 차 있되 넘치지 않으며 멈추어 있으면서 나아가지 않아 그 깊이를 헤아릴 수 없으니, 아마도 이를 일러 끝이 없어 구천의 깊숙한 곳까지 곧장 도달하고 사해의 먼 곳까지 두루 미친다고 할 수 있을 것이다!

못의 밖에는 흰 모래와 깨끗한 돌이 넓게 펼쳐져 있고 짙푸른 소나무와 푸르른 나무들이 드문드문 심어져 있어 동굴에 그늘을 드리우고 있다. 아직 위아래를 다 보기도 전에 심신이 상쾌하고 맑아져서 마치 신선과 함께 청도淸都[90]에 올라 노닐며 즐기는 듯하였다. 상연上淵은 돌 틈으로 계곡 물이 흐르는데 계곡 물은 마치 거울 손잡이 같으니, 마침내 물줄기가 약해져서 못을 이룬

---

90) 청도(淸都): 옥황상제가 산다는 천상(天上)의 궁전을 가리킨다.

다. 못의 모양은 돌의 형상을 따라 둥글기도 하고 네모나기도 하니, 대개 대야처럼 둥글고 깎아서 만든 것처럼 평평하며 가운데 깊은 곳은 발鉢과 같고 바깥의 둘레는 갈아 놓은 듯하며, 또 석표가 있는데 발의 가운데에 똑바로 서 있다. 물은 고리처럼 겉을 둘러싸고 흐르는데 깊고 투명하고 짙푸르고 깨끗하여 귀신이 파서 만들어 놓은 듯하니, 그 깊이를 헤아릴 수는 있지만 혼이 빠지고 간담이 서늘하여 내려다볼 수가 없다. 때때로 떨어진 나뭇잎이 두둥실 떠 있으면, 새가 물고 가거나 바람이 흐트러뜨려서 잠시도 머물러 있었던 적이 없다. 백성들이 장마와 가뭄을 만나 경건하게 가다듬고 정성스레 기도하면, 기도에 응답하여 날이 개이거나 비가 오게 해주지 않은 적이 없었으니, 아마도 이른바 신룡이 그 가운데 둥지를 틀고서 굴을 파고 있는 것이리라! 웅덩이를 채우고 남은 물보라가 돌부리에 붙어서 쏟아져 폭포를 이루니, 이것이 하연(下淵)에서 기괴함을 나타내는 까닭이다. 그 옆에는 기암괴석들이 들쭉날쭉 솟아서 서로 어우러져 있고, 높은 소나무와 작은 단풍나무가 푸른색으로 뒤덮고 붉은 빛으로 뒤덮고 있다. 이에 골짜기의 화려함과 산악의 찬란함이 모두 그 가운데에 흐드러지게 비추고 있어 앉은 지 잠깐이 되기도 전에 모골이 시원하니, 마치 신선이 되어 날아올라 한문寒門91)을 밀치고 여러 천제天帝들을 바라보는 것처럼 황홀하였다. 그런데 아득해지고 떨려서 오래 머무를 수 없었다. 곧 못을 버려두고서 계곡 물을 따라 올라가니, 화가 난 듯 싸우는 듯 옆으로 들쭉날쭉 솟아있는 암석들을 이루 다 헤아릴 수 없었는데, 거북이 같기도 하고 양 같기도 하며 곰이나 표범, 사자 같기도 한 암석들이 사이에 섞여 있었고, 암석의 높낮이에 따라 물의 깊이도 차이가 있었다. 앉을 만하고 완상할 만하며 어루만지면서 곁눈질해 볼 만한 것들이 열 걸음마다 8~9개가 있어, 곁에 있는 종자들이 길을 재촉한 적이 없었으니, 앉으면 일어나기를 잊어버리고 일어나면 걷

---

91) 한문(寒門): 고대 전설상의 문으로, 가장 북쪽의 추운 지방에 있는 문이다.

기를 잊어버려서 걸으면 길을 전진해 갈 것을 잊어버렸다.

길을 더듬어 겨우 5리를 가니 관음암觀音庵이라는 암자가 있었는데 작으면서 예스러웠다. 암자 왼쪽에는 굴이 있었는데 매우 기이하고 험준했으니, 이름이 관음굴觀音窟이었다. 관음굴의 너비는 10여 사람이 앉고 설 수 있을 정도였으며, 위아래 삼면이 모두 돌이었다. 관음굴의 북쪽에는 두 개의 불상이 있는데 가부좌를 틀고서 남쪽을 향해 있으니, 모두 돌을 깎아 형상을 새긴 것이다. 돌의 정결함은 옥과 같아 진귀하게 여길 만했고, 조각의 교묘한 솜씨는 신이 한 것 같아 기이하게 여길 만했다. 또 돌로 만든 나한 8~9개가 좌우에 늘어서 있는데, 그 벽에는 명현名賢들의 손길이 많이 남아 있었다. 암자로부터 서쪽으로 몇 리를 가자 태종대太宗臺라는 바위가 있었는데 너비는 100여 사람이 앉을 만했고 표면은 마당처럼 평평하였으며, 가운데에는 구멍 하나가 있으니 바로 용기龍旗를 세워두었던 흔적이다. 앞에는 큰 바위가 호랑이처럼 웅크리고 있는데, 상쾌한 여울물이 콸콸 흘러 돌을 부수면서 쏟아져 나와, 깊은 것은 담潭을 이루고 얕은 것은 개울물을 이루었다. 태종대에서 굽어보니 물에 술잔을 띄우고 즐길 만하였다. 그 맑고 깨끗함은 흡사 단구丹丘의 적석積石처럼 아득하였으며, 경치가 묘연하여 그중 만에 하나라도 묘사하기가 어려웠다. 대개 고려의 태종이 이 암석을 좋아하여 와서 놀았으므로, 이 때문에 이 암석이 '태종대'라고 불리게 된 것이다.

완상을 마치기 전에 흥망성쇠에 대한 감개의 마음이 일어 오래 머물러 있을 수가 없었다. 그리하여 곧장 태종대를 내려와 길을 찾아가니, 몇 리도 가지 않았는데 마담馬潭이 나왔다. 마담의 기이함은 특별하게 여길 만하니, 큰 돌이 30~40보에 걸쳐서 놓여 있는데 높은 곳에서부터 점차 내려오면서 매끄럽고 윤택하여 마치 기름을 칠해 놓은 듯하였으니, 안절부절못하였다. 물이 위로부터 가운데를 지나 내려와서 쏟아져 나와 폭포를 이루었으니 폭포는 높이가

8~9길 정도 되었고, 폭포가 떨어져 담潭을 이루었으니 깊이를 헤아릴 수 없었다. 그 웅장함과 기이함은 박연폭포와 서로 겨룰 만했으니, 박연폭포가 없었다면 박연폭포처럼 여겨졌을 것이다. 앞뒤로 늘어서 아름다움을 드러내는 겹겹의 기암괴석을 이루 다 얘기할 수 없다. 마담으로부터 위로 몇 리를 가면 기담妓潭이 있는데, 돌을 깎아 병풍을 만들어 열고 닫으며 물을 끼고 있는 듯하였다. 물이 콸콸 벼랑을 따라 내려와 모여서 깊은 담潭을 이루니 깊이가 한두 길쯤 된다. 예전에 한 아리따운 여인이 이 담에서 놀다가 갑자기 물에 빠져 죽었으므로, 이러한 이름이 붙여졌다고 한다. 배회하면서 아름다움을 생각하였다. 기담으로부터 위로 몇 리를 가니 넓은 돌이 평평하게 놓여 있었는데, 기울어졌으나 위태롭지 않고 매끄러우나 미끄럽지 않아서 40~50사람이 앉을 만하였다. 얕은 여울물이 옆에서 흘러나왔는데, 마실 만도 하고 세수할 만도 하며 빨래를 할 만도 하였다. 곁에는 오래된 나무 등걸이가 있었으니 기대 누워 계곡을 바라보았는데 용의 비늘과 갈기가 요동치는 듯하며 고룡古龍이 머리를 들고 솟아오르는 것처럼 꿈틀댔다.

암석을 따라 백 보를 채 가지 않아 대흥암大興庵이라는 암자가 있었는데, 청량하고 시원스러움이 매우 좋았다. 암자에서 나와 곧장 위로 3~4리를 가니 적멸암寂滅庵이라는 암자가 있었다. 벽돌을 겹겹이 쌓아 담장을 만들었는데, 벽돌 축이 종횡으로 그림을 이루었고 범자梵字로 쓰인 진언眞言[92]이 나열되어 있었으니, 기이하고 예스러워 완상할 만하였다. 담장 밖에는 오래된 노송나무가 있는데, 하늘 높이 곧게 솟아 있어 높이가 수백 길이 되고 크기도 그 높이에 걸맞았으니, 다른 산에 있는 평범한 나무들이 비견할 수 있는 것이 아니었다. 그 담장과 노송나무는 대개 나옹懶翁[93]이 심고 만들었다고 한다. 그 암자는 난리 후

---

92) 진언(眞言): 석가의 깨달음이나 서원(誓願)을 나타내는 말로서, 불교에서 진실하여 거짓이 없는 신주(神呪)를 말한다.
93) 나옹(懶翁): 혜근(惠勤, 1320~1376). 고려 후기의 고승이다. 속명은 아원혜(牙元惠)이고, 호는 나옹(懶翁)·강월

에 비로소 중건되었는데, 특출함과 시원스러움은 여러 암자 중에서 으뜸이다. 불당은 금으로 된 벽이 휘황찬란하여 용의 비늘처럼 빛나고, 발걸음을 옮기면 유리를 밟는 듯하다. 불상 뒤에 하나의 방이 있는데 선롱仙櫳에 비길 만큼 고요했으니, 소요하고 앉았다 일어서는 사이에 문득 번뇌가 다 사라지고 승복을 입은 늙은 선사禪師가 나타나 불경을 끼고 잠들었으니, 이 외에 다른 승려는 없었다.

암자에 동대東臺가 있는데 대臺의 광활함과 빼어남은 더욱 최고이니, 대에 올라 조망하는 유쾌함이 신선이 되어 나는 것보다 상쾌하다. 사방에 펼쳐진 천만 봉우리와 골짜기가 구름 같기도 하고 노을 같기도 하며 비단 같기도 하고 틀어 올린 상투 같기도 하며, 사람이 공수를 하는 듯한 것, 새가 발톱을 세운 듯한 것, 금수가 움직이고 멈추는 듯한 것, 호표虎豹가 엎드리고 어룡魚龍이 서 있는 듯한 것들이 한 번 눈을 깜빡일 사이에 기묘함을 다투니, 황홀하고 어리둥절하여 혼백이 날아가 광대함을 가리킬 수가 없었다. 여러 봉우리 사이에서 가장 특출한 것으로는 동쪽으로 개성봉開聖峰, 남쪽으로 지장봉智藏峰·인달봉仁達峰, 북쪽으로 정광봉定光峯이 있는데, 세 방면에 나란하게 서 있다. 또 보선봉普善峯이 있고 봉우리 아래에 암자가 있으니 이는 보선암普善庵이라 한다. 보선암은 반공중에 있어 아득하여 찾아갈 수 없다. 적멸암寂滅庵으로부터 서쪽으로 올라갔다 내려오면 지족암知足庵이 있다. 이 암자의 빼어남은 형용하기 어려우니, 대개 그 형세가 동쪽으로는 여러 봉우리를 등지고 있으며 서쪽으로는 큰 바다를 마주하고 있어서, 당에 올라 한껏 바라보다면 시야에 장애물이 없다. 단지 해가 동쪽으로 들어가고 금빛 기둥이 만일 높이로 있으며 구름의 광채와 바다의 색채가 무궁하게 변화할 뿐이니, 기대어 내려다보면 몸이 법천法天

헌(江月軒)이다. 아버지는 선관서영(善官署令) 서구(瑞具)이다. 중국의 지공(指空)·평산처림(平山處林)에게 인가를 받고 무학(無學)에게 법을 전하여, 조선시대 불교의 초석을 세웠다.

에 오르고 도가 불심佛心을 꿰뚫은 듯 아득하다. 너른 뜰은 숫돌처럼 평평하며 아래로 땅이 아득하고, 높이가 수백 길, 너비가 수백 보, 둘레가 수십 아름 되는 은행나무 한그루가 있는데 벼랑을 호위하며 서 있다. 나뭇가지 사이로는 서늘한 바람이 항상 쏴아 쏴아 불어서 바람이 불지 않아도 서늘하니 상쾌하다고 할 만하다. 불당 금벽의 영롱함과 별전別殿 돌층계의 가파름은 마치 귀신이 만들어 놓은 것 같아 형용할 수 없으니, 바로 적멸암과 서로 자웅을 다투는데, 청광淸曠함과 고절高絶함은 적멸암보다 뛰어나다. 빼어남을 자랑하는 많은 봉우리를 다 기재할 수 없다. 동쪽으로는 지족봉知足峰이 있고 보현봉普賢峰이 있으며, 북쪽으로는 미국봉彌鞠峰이 있고, 남쪽으로는 철마봉鐵馬峰이 있고 청령봉淸泠峰이 있고 송악봉松岳峰이 있고 법왕봉法王峰이 있으며, 서쪽으로는 낙월봉落月峰이 있으니, 책상을 마주하고 붓을 드니 단지 한 명의 승려가 거처하고 있다. 대개 천마산의 형세가 여기에서 지극해졌다.

다음 날 지족암으로부터 동쪽 기슭을 타고 올라갔다. 올라가면서 험준한 곳을 지나 깊은 고을을 통과하여 어렵게 길을 찾아 반나절을 오르락내리락하였다. 숲이 성글다가 빽빽해져서 위로 하늘이 보이지 않는 것이 15리나 되었으며, 겨우 현화사玄化寺에 도달했다. 현화사는 왜적에게 불타 없어지고 남은 터는 잡초에 묻혀 있는데, 한 노승老僧이 전각 하나를 중건하여 아직 일을 마치지 못하고 계속 공사를 하고 있었다. 이전의 터에 다시 세우고 있으니 그 승려는 헤아리는 것이 없다고 할 만하다. 밖에는 거북이 비석을 짊어지고 엎드려 있는데, 이는 고려시대의 학사 주저周佇[94]가 지은 글이다. 뜰에는 깨진 돌탑이 있으니, 바로 화주化主 수견壽堅이 세운 것이다.

현화사에서 동쪽으로 5리를 가니, 바위산이 하늘 높이 우뚝 솟아 있어 나

---

94) 주저(周佇): ?~1024. 송나라의 온주인(溫州人)으로 1005년에 상인을 따라와서 귀화하였다. 문장이 뛰어나 외국과 교빙(交聘)하는 사명(辭命)을 많이 지어, 왕의 총애를 받았다.

는 새도 떨어지고 달리는 짐승도 빠질 정도였다. 그 험준함을 들으니 머리가 하얗게 세는 듯 오싹하였는데, 무턱대고 앞으로 기어 올라가며 자벌레처럼 붙어가니, 땀이 솟고 눈이 어지러웠다. 열 걸음에 아홉 번을 넘어지면서 오랜 시간이 지나고 나서야 비로소 정상에 올랐다. 정상에서 곧바로 내려가자 화장사花藏寺로 통하였다. 화장사는 서역의 승려 지공指空[95]이 창건한 것으로 병란을 겪고도 홀로 우뚝하게 남아 있으니 영험하고도 장하다 할 만하다. 법당은 넓고 빛나며 우람하고 웅장하며 붉은 빛깔로 칠한 것이 아름다운데, 천상계처럼 엄숙하고 귀신처럼 근엄하니 오싹해서 오래 서 있을 수가 없다. 동쪽으로는 선왕의 화상을 모신 전각이 있고, 전각의 동쪽에는 또 나한전羅漢殿이 있다. 서쪽으로는 승당僧堂이 있는데 너비가 백여 칸이다. 당에는 지공의 법상法像이 있고 또 여러 요사寮師들이 겹겹이 늘어서 있다. 범종을 매단 하나의 누각이 높고 상쾌하게 솟구쳐 있었다. 누각에 올라가 사방을 바라보아 시력이 미치는 곳을 다 구경하였다. 누각에서 내려오니, 회화나무 정원이 펼쳐져 있는데 더욱 드넓게 느껴진다. 둘러보는 것을 미처 마치지 못했는데, 한 승려가 무릎을 꿇고 함 하나를 바쳤다. 바로 열어 보자 패엽 불경과 품질 좋은 전단향이 있었으니, 모두 서역에서 생산된 건인데 지공이 손수 갖고 와서 둔 것이니, 참으로 기이하고도 현묘하다. 화장사에서 옛길을 따라 현화사로 돌아와서 묵었다.

다음 날 현화사로부터 5리쯤 가서 위험을 무릅쓰고 가파른 길을 갔다. 비틀거리고 주춤대면서 가니 숨이 막히고 눈이 어지러운 것이 화장사의 바위고개를 넘을 때보다 심하다. 반도 못 올라가서 떨리고 근심스러워져서, 나아가야 할지 물러나야 할지 몰라 오랫동안 있었다. 그러다 용감하게 위로 매달려서, 돌부리를 손톱으로 움켜쥐고 벼랑을 무릎으로 기어갔다. 한 치 한 자씩 나아

---

95) 지공(指空): 인도 108대 조사(祖師)로 원나라에서 활동하여 명성을 얻었다. 만년에 고려로 건너와 회암사(檜巖寺)에 머물렀고, 나옹 선사에게 법을 전해 주었다.

가면서 북쪽으로 성거산聖居山의 작은 암자를 바라보았다. 암자는 천봉千峯의 반쯤 꼭대기에 있는데, 구름에 가려진 창이 조용하고 안개에 휩싸인 집이 고요하며, 붉게 칠한 기둥과 알록달록한 초석礎石이 바위 구멍을 은은하게 비추었다. 목을 길게 빼고 한 번 바라보니 흡사 신선이 사는 집 같았다. 하루 종일 고생을 하며 겨우 바위 하나를 올라갔으니, 그 이름은 차일암遮日巖이다. 멀리 하늘이 터져 있고 아스라한 산이 구름에 기대어 있었다. 머리를 들고 손을 휘저으면 북두성도 잡을 수 있을 듯하고, 사방 천지와 온 세상에 모두 임할 수 있을 것 같으니, 성거산의 형세가 여기에서 지극해졌다.

바위 서쪽을 따라 5리를 내려오자 비탈진 절벽이 100여 걸음 길이로 펼쳐져 있고, 굳세고 거친 암석이 이리저리 물길을 가르며 통하게 하였다. 물은 절벽의 입구에 모였는데, 얕아서 거세게 흐르지 않아 낙엽이 무수히 가라앉고 쌓여서 물길을 막고 있었다. 그리하여 여러 승려와 손을 헤치고 손가락으로 치워서 그 여울물을 통하게 하였으니, 물이 급히 절벽으로 쏟아져 거꾸러지는 것이 마치 지붕에서 물동이를 엎어놓은 듯하였다. 어지러이 흩어진 단풍잎들이 물결을 따라가고 물보라를 쫓아 흘러가서, 구슬을 꿴듯하고 물고기를 꿰놓은 듯 이어져, 매달린 여울물을 따라 차례로 아래로 떨어졌다. 그리하여 서로 웃으면서 함께 즐겼으니, 아무 일이 없는 가운데 기이한 운치라고 할 만하다. 비탈진 절벽을 따라 몇 리를 내려오자 하나의 큰 바위가 있는데, 앞은 네모나고 뒤는 날카로워서 모양이 마치 만 곡 들이의 배가 골짜기에 가라앉아 있는 듯하였고, 엄연히 하늘이 무너지고 땅이 솟아나 귀신이 보호하고 신령이 옹위하여 오랜 세월을 견딘 듯하였다. 그리하여 조물주가 베풀어 만드는 것이 나올수록 기이하여 무궁무진한 속에서 지극한 기교를 간직하고 있다는 것을 깨달았다. 주암을 거쳐 몇 리를 가니, 한 명의 노승이 10여 명의 승려를 데리고 옷을 여미고 두건을 고쳐 쓰고 서서 주위를 엿보며 기다리고 있었는데, 길도 모두 아는 얼굴이었으니, 함께 되돌아온 그 사람들은 실로 운거사의 승려들이었다.

아! 처음에 산을 아직 오르지 않았을 때에 여기에 묵었다가, 끝에 이미 산을 오르고 나서도 여기에서 묵으니, 이곳은 시종始終의 문이요 본말의 길이라고 할 만하다. 처음에 오르지 않았을 때에 마음을 가다듬고 묵묵히 기도하여 생각을 맑게 하고 엄숙하게 있으면서, 자고 깨는 사이에 은약隱約하게 산신령과 더불어 어두컴컴한 속에서 응접했던 곳은 이 절이었다. 또 산을 다 오르고 내려오고 나서, 마음과 눈이 교감하고 의意와 신神이 서로 도모하며, 아득히 산신령·땅귀신과 더불어 속세에서 부유하고 시원스레 신선·불자들과 물외物外의 경지에서 노닐었던 것도 이 절이다. 그렇다면 존귀하게 여기고 흠모하는 것이 천天과 성聖만 한 것이 없는데, 내가 이 산을 유람하고서 마음이 환해져서 성인의 마음과 다름없이 담박하고 고요하게 되어 묵묵히 하늘과 노닐었으니, 내가 눈으로 보고 마음으로 깨달은 것이 두 산의 도움이 아니겠는가? 그렇다면 두 산이 이러한 이름을 얻은 것은 여러 산과 절로 구별이 될 뿐만 아니라, 또한 사람에게 권면하고 바라는 것이 있는 것이로구나! 이 길을 지나고 이 산을 본 사람이 고금에 얼마나 많겠는가마는, 그 마음속의 쇄락洒落함과 청광淸曠함이 두 산의 흥취와 같았던 사람으로 또한 나와 같은 자가 있었겠는가? 아! 천과 성은 본받아 배울 만하니, 이 산을 따라 이 산에 돌아와서 산의 흥취를 더듬고 산의 이름을 궁구한다면, 또한 천과 성에서 멀리 떨어지지 않을 것이다. 나를 따라 유람한 자는 조카인 전佺·칙侙 두 사람과 박생 형제 두 사람, 우봉牛峯 소사少士와 최 아무개 한 사람이고, 길을 인도하며 지휘한 사람은 우봉의 아전 이희주李希珠가 바로 그 사람이다. 시종일관 게으름 부리지 않고 나의 가마를 메준 사람은 운거사의 승려 법찬法瓚이고, 대성大成·지경持敬·혜일惠一·신혜信惠·해인海仁·법행法行·쌍윤雙允·능인能印·지진智眞·신준信準들이 실제로 따랐다. 이때의 연·월·일은 만력 을사년1605 9월 7일이다. 이로써 기문으로 삼는다.

莫高且大. 物莫與竝之謂天. 莫神且化. 與天比功之謂聖. 天與聖. 莫尊乎天下. 而兩山者得爲號焉. 兩山之與衆山別. 不待辨 001而明矣. 夫遊兹山者. 莫不由是路. 覽兹山者. 莫不究是景. 而趣有多少. 興有淺深. 豈非所樂者在我而不在彼. 在心而不在目乎. 以其樂之如何. 而驗其人之如何. 則亦可謂知人也夫. 始來也. 宿于雲居. 雲居. 古寺也. 法殿隆麗. 東西有兩室. 階下有橫室. 又有別殿. 俱甚煥炳可觀. 由雲居西入僅五里. 爰有朴淵. 而淵有上下焉. 蓋淵之勝. 壯天下而魁四海. 則非一事一言可褒記而顯稱. 以彰其形勢也. 下淵則蒼壁翠崖. 劍剨刀割. 霞襞而霧裂. 墻聳而屏立. 高可數百丈. 廣可數百步. 而瀑之垂. 政從磨嘴. 嘴之懸. 政當崖中. 飛射噴薄. 雷吼電激. 壯若天開而霞落. 雲霽而龍垂. 遂洼而爲淵. 淵之廣. 僅數十步. 滿而不溢. 停而不進. 其深不可測. 意者. 是之謂無底. 直達九泉之幽. 旁及四海之遠歟. 淵之外. 白沙淨石. 鋪列瀰漫. 翠松碧樹. 疏植蔭洞. 俯仰未旣而神爽骨瑩. 若與神仙者. 登淸都而遊嬉焉. 上淵則疏石瀉澗. 澗若鏡柄. 遂窊而爲淵. 淵之廣裹. 逐石狀而圓方. 蓋其圓如盤. 而平若削成. 中深如鉢. 外輪如磨. 又有石表. 正立鉢中. 而水循表若環. 凝湛綠淨. 鬼瀦神蓄. 其深雖可測. 而魄駭膽掉. 不可俯臨. 時有脫葉飄泛. 則鳥銜去而風擺出. 未嘗少留焉. 民遘水旱. 齊飭虔祈. 則無不響應其晴雨. 豈所謂神龍者巢其中而爲窟歟. 其盈科餘沫. 着於磨嘴注而爲瀑. 是其逞奇於下淵者也. 其傍詭巖怪崖. 錯峙而互蹲. 脩松短楓. 蓋翠而傘紅. 於是洞壑之綺麗. 峯巒之繡彩. 咸凌亂倒影於其中. 坐未轉眄而毛骨已習習. 怳若羽化乘蹻. 排寒門而望群帝也. 眯乎栗乎. 其不可留矣. 卽捨淵. 沿澗而上. 則巖石之旁挺側竦. 若怒若鬪者. 殆不可數. 而如龜如羊. 如熊豹獅子者間之. 從石之高低. 而水有淺深焉. 可坐可翫. 可撫摩倚睨者. 十步而得八九.

左右從者. 未嘗以前途相迫. 則坐忘起. 起忘步. 步忘其前進於途矣. 深探僅五里. 有庵曰觀音. 小而古. 庵左有窟. 甚奇峻. 名曰觀音窟. 窟之高廣. 可容十餘人坐立. 而上下三面. 皆石也. 窟北有二佛. 跏趺面南. 皆鑴石刻狀. 而石之精白. 如玉可珍. 劚之巧妙. 若神可怪. 又有石羅漢八九. 列于左右. 而其壁多名賢手跡. 從庵西僅數里. 有石曰太宗臺. 廣可坐百餘人. 面平如場. 而中有一窾. 乃龍旗所豎之跡. 前有大巖. 特踞若虎. 爽瀨琮琤被石而瀉. 深爲潭而淺爲澗. 從臺府臨. 可斟流觴. 其清絕淨洒. 恰若丹丘積石之縹緲. 而景致杳然. 難以模寫其萬一焉. 蓋高麗太宗好此石來遊. 而石仍爲號焉. 探玩未竟. 有感慨興亡之懷. 殆不可久居. 即下臺覓路. 不數里有馬潭焉. 潭之奇可異焉. 有大石鋪亘三四十步. 從高漸下. 危滑湛潤. 若塗脂瀉膏. 立不定武. 而水由上經中而下. 仍噴注爲瀑. 瀑高可八九丈. 落爲一潭. 深不可窺. 其爲雄特奇絕. 與朴淵相伯仲. 無朴淵則如朴淵矣. 層巖危石羅列逞美於前後者. 不可殫諭. 由潭而上僅數里. 有曰妓潭. 有石削成屛. 開障擁水. 瀰瀰循崖而下. 瀦爲深潭. 厚可一二丈. 嘗有美娥遊此石. 忽隳溺而死. 仍有是名云. 仿像之際. 要冶可念. 由潭而上僅數里. 有廣石平鋪. 傾而不危. 滑而不漣. 可坐四五十人. 有淺瀨旁瀉. 可飲可漱可濯澣. 而旁有老查倒臥當蹊. 鱗鬣奮張. 蜿若古龍矯首起陸. 從石面未百步. 有庵曰大興. 清爽可愛. 出庵直上三四里. 有庵曰寂滅. 纍磚築墻而磚軸. 縱橫爲畫. 列成梵字眞言. 奇古可玩. 墻外有老檜. 直上雲霄. 高可數百尋而其大稱之. 非他山凡木之可方焉. 其墻與檜. 蓋懶翁之所種築云. 其庵則亂後始重構. 特絕爽越. 甲於諸庵. 而佛殿則金碧眩煜. 照爛龍鱗. 移足靖步. 若蹋琉璃. 佛後一室. 靜比仙檻. 逍遙坐作之際. 斗覺塵慮煙滅. 有褒緇老禪. 擁經而眠. 此外無餘僧矣. 庵有東臺. 臺之曠絕岌豁尤最. 登眺之快. 爽於飛仙. 其千峯萬壑之羅布於四方者. 若雲若霞. 若錦繡. 若螺髻. 人拱鳥跧. 獸訛禽息. 虎豹伏魚龍立者. 爭奇鬪巧於一瞋之間. 怳惚惝惘. 魂與神飄. 浩不

可指點. 而挺起特出. 最於群峯者. 東有開聖. 南有智藏, 仁達. 北有定光峯.
三岐齊立. 又有普善峯. 峯下有庵. 是謂普善庵. 庵在半空. 杳不可尋. 由寂滅
西升而下. 有曰知足庵. 茲庵之絶. 難以形容. 蓋其勢東背諸峯. 西臨大海. 升
堂快瞰. 眼無所礙. 唯有日東投穴. 金柱萬仞. 雲光海色. 變態無窮而已. 憑瞻
俯眂. 迥若身升法天. 道貫佛心焉. 廣庭如砥. 臨無地. 而有文杏一樹高可百尋
廣可百步圍可十包者. 衛砌護崖而立. 枝梢之間. 冷颷常瀏瀏. 不風而寒. 可謂
爽矣. 佛宇金碧之玲瓏. 別殿階除之嶜嶬. 岌若神施鬼設而不可象. 直與寂滅.
相雌雄互甲乙. 而清曠高絶則過之. 峯之多少錯秀者. 不可盡載. 而東則曰知
足. 曰普賢. 北則曰彌鞠. 南則曰鐵馬. 曰清冷. 曰松岳. 曰法王. 西則曰落月.
當案而筆尖. 只有一僧居焉. 蓋天磨之勢. 盡於茲矣. 翌日. 由庵東攀緣上上.
歷險惡透深奧. 艱難索路. 陟降半日. 林薄織密. 上不見天者十五里. 僅達玄化
寺. 寺爲賊火所蕩而餘基蕪沒. 有一老僧. 重構一殿. 未克訖功而方鳩工. 擬
跖前址者. 僧可謂沒量矣. 外有石龜負碑而伏. 乃前朝學士周伫所撰文也. 庭
有石塔殘缺. 乃化主壽堅所樹植也. 由玄化東走五里. 石嶺巉屹倚天. 飛走之
所躋墊. 聞其險岌. 使人白頭. 而搪突攀援. 蟻附蠖着. 翻汗眩眼. 十步九顚.
踰時而始陟絶頂. 由頂直下. 以通于花藏寺. 寺蓋西域僧指空所創. 而歷兵火.
猶獨巍然. 可謂靈且壯矣. 法殿敞赫宏譎. 丹艧懿濞. 肅若上界. 儼若鬼神. 懍
悸不可久立. 東有先王畫像所御容殿. 殿東又有羅漢殿. 西有僧堂. 廣可百餘
間. 堂有指空法像. 又有諸寮. 疊置間列. 懸鍾一樓. 高爽特揭. 登臨四望. 眼
盡其力. 由樓而下. 槐庭廣衍. 騁睎益曠. 周覽未畢. 有僧跪進一函. 即開鑛視
之. 則有貝葉梵經, 栴檀瑞香. 皆產於西天. 而指空所手而置者. 信乎其奇且玄
矣. 由寺從古道. 復還于玄化. 止宿. 翌日. 由玄化五里許. 冒險觸崢. 蹣跚踔
愊塞眩狂. 有甚於花藏石嶺. 登陟未半. 怖慓愁悶. 進退狼狽者良久. 勇敢懸
上爪鉤石齒. 膝行崖面. 寸進尺度之際. 歷望北聖居小菴. 菴在千峯半頂. 雲

窈窈窕. 霧閣靜深. 彤柱粉礎. 隱暎巖竇. 延頸一望. 彷彿仙莊焉. 辛勤盡日. 僅上一巖. 其名曰遮日. 迥拆天罅. 崒憑雲表. 舉頭揮手. 可捫星斗. 六合八垓. 無不洞臨. 蓋聖居之勢盡於茲矣. 緣巖西下僅五里. 有傾崖鋪地百餘步. 頑巖猛石. 錯分通波. 水聚崖口. 淺不悍流. 而無數落木. 沈積塞斷. 仍與諸僧手決而指疏. 以通其湍. 則水急瀉崖. 倒若建瓴. 而紅葉之紛紛者逐波趁沫. 珠貫魚聯. 次茅懸溜而下. 仍相與笑玩. 可謂無事中奇致也. 沿緣直下僅數里. 有一大巖. 前方後銳. 狀若萬斛之舟. 陸沈于洞門. 儼若天墮地出. 而鬼護神呵. 以閱終古焉. 方覺造物者之所施爲. 愈出愈奇. 藏至巧於無窮無盡也. 歷舟巖數里. 有老僧一人. 率諸僧十餘輩. 整服巾而立. 偵伺而候. 實皆所知面. 而所與返者. 實雲居其寺也. 噫. 始焉. 未登乎山而宿于茲. 終焉. 旣登乎山而宿于茲. 茲可謂始終之門而本末之路矣. 其未始登也. 齋志噉禱. 澄慮肅虔. 寤寐之間. 髣髴與山靈. 相接於窅冥者. 茲寺也. 其旣登而降也. 心與目營. 意與神謀. 灝灝與山靈地祇. 浮遊於方內. 冷冷與仙翁釋子. 娛嬉於物表者茲寺也. 然則所尊而慕者. 莫天與聖. 而自余之遊覽茲山. 靈臺洞澈. 不隔聖人之胸而澹泊恬靜. 噉與天遊. 則余之觸於目而得乎心者. 非兩山之助歟. 然則山之得是名. 非獨自別於衆山. 而亦有以勸勵企及乎人哉. 人之由是路覽是山者. 古今何限. 而其胸襟之洒落淸曠. 與山趣同味. 亦有如我者歟. 嗚呼. 天與聖. 可法而學焉. 則從茲山返茲山. 探山之趣. 而究山之名. 則其亦不遠矣. 從余遊者. 阿姪佛. 代二人. 朴生兄弟二人. 牛峯少士崔某一人. 而前導指揮者. 牛峯衙吏李希珠其人也. 終始肩余輿不怠者. 雲居居法瓚其僧也. 曰大成. 曰持敬. 曰惠一. 曰信惠. 曰海仁. 曰法行. 曰雙允. 曰能印. 曰智眞. 曰信準. 實從焉. 是年月日. 萬曆乙巳九月初七也. 是爲記.

출전: 趙纘韓, 『玄洲集』「遊天磨, 聖居, 兩山記」

13

유천마산기

遊天磨山記

이익李瀷

해제解題

「유천마산기遊天磨山記」는 이익李瀷, 1681~1763이 갑오년1714에 천마산의 박연폭포朴淵瀑布, 관음사觀音寺, 운흥사雲興寺, 용천사龍泉寺, 만경대萬景臺, 서사정逝斯亭 등 10여 곳의 경관을 탐방하고 기록한 글이다.

국역國譯

갑오년1714[96] 봄 2월 을미일乙未日에 내가 옛 금천金川 선영先塋 아래로부터 곧장 천마산天磨山[97]으로 갔다. 마유령馬踰嶺과 영원령靈遠嶺 두 고개를 넘었는데 산세가 험준하여 말을 타고 갈 수 없으므로 말을 버리고 걸었다. 해가 기울 무렵 북문北門 아래에 이르러 벼랑을 따라 내려왔다. 범사정汎槎亭에 이르러 박연폭포朴淵瀑布가에서 서성이며 반백 길의 은빛 폭포를 바라보니 눈과 마음이 호방해졌다. 다시 성문으로 들어가 바위틈을 선회하여 폭포의 근원을 찾아가니, 암석이 계곡을 마주하여 가로막고서 문과 계단의 형상을 만들었다. 가운데 구덩이는 술동이 같은 하나의 웅덩이를 이루었다. 웅덩이 속에 너럭바위가 솟아 있었는데 형세가 물에 떠 있는 듯하였고, 술동이에 본래 입구가 있어 물이 쏟

---

96) 갑오년(1714): 기행 연도가 『성호전집(星湖全集)』에는 갑자년(甲子年)으로 되어 있는데, 이병휴 필사본에는 갑오년(甲午年)으로 되어 있으므로 그에 따라 바꾸어 번역하였다. 갑자년인 1744년은 이익이 63세 되던 해인데, 이해 2월에는 을미일(乙未日)이 없다. 그리고 1744년에 이익은 63세였으므로, 개성의 높은 산인 천마산을 오르기는 힘들었을 것이다. 또 『성호전집』에서 「천마산 유람기(遊天磨山記)」의 앞에 실린 기문들이 1707년에서 1712년까지의 기록인데, 갑자기 30여 년을 뛰어넘는 것도 문집의 편찬 체제상 이해하기 어렵다. 따라서 '甲子年'의 '子'를 '午'의 오자(誤字)로 보았다.

97) 천마산(天磨山): 개성(開城)에 있는 천마산을 말한다. 만경대(萬景臺)가 최고봉이고 청량봉(淸凉峰)과 성거산(聖居山) 등의 봉우리가 있으며 대흥산성(大興山城)이라는 고려의 성이 있고, 북쪽 박연폭포(朴淵瀑布)는 송도삼절(松都三絶)의 하나로 불리는 경승지이다. 그 밖에 관음사(觀音寺), 개성사(開城寺), 대흥사(大興寺) 등의 고찰이 있다.

아져 나와 폭포가 된 듯했다. 관음사觀音寺에 이르러 하룻밤을 묵었다. 다음 날 아침 범사정에 다시 이르렀으니, 이는 흥취가 다하지 않았고 기이한 경관은 다시 보기 어렵기 때문이었다. 마침내 마음껏 즐기고 돌아와 물을 따라 왼쪽으로 가서 발자취를 더듬어가며 벼랑을 부여잡고 운흥사雲興寺를 탐방하였다. 되돌아서 관음사를 거쳐 대흥사大興寺에 이르러 잠시 쉬었고, 다시 용천사龍泉寺를 지나 대장대大將臺에 올라 산 동쪽의 여러 경치를 바라보았다. 되돌아서 대흥사를 거쳐 소서문小西門을 지나 만경대萬景臺에 오르니, 산의 빼어난 형세가 최고조에 이르렀다. 해가 저물자 돌아와서 대흥사에서 하룻밤을 묵었다. 다음 날 아침 남문南門으로 나와서 서사정逝斯亭을 탐방하고 마침내 화담서원花潭書院서 참배하였다.

원문原文

甲子春二月乙未. 余自古金川塋下. 直趨天磨山. 歷馬踰靈遠二嶺. 峻不堪騎. 舍馬而徒. 日昃至北門下. 乃緣崖走下. 至汎槎亭. 因盤于朴淵之上. 望半百丈銀瀑. 心目爲之壯浪. 還從城門入. 旋回石縫. 尋到瀑源. 巖石當谷. 橫欄作門階狀. 中坎爲一泓如匜栖. 泓中起盤陀石. 勢若汎汎然. 匜自有口. 水瀉出爲瀑也. 至觀音寺經宿. 翌朝復至汎槎亭. 蓋興緒未闌. 奇觀難再也. 遂盡情而還. 路從水左. 審脚扳崖. 訪雲興寺. 還由觀音至大興寺停歇. 復歷龍泉寺登大將臺. 眺山東諸景. 還由大興歷小西門登萬景臺. 山之形勝盡之矣. 日晡乃還. 經宿於大興. 翌朝由南門出. 訪逝斯亭. 遂謁花潭書院.

출전: 李瀷, 『星湖全集』 「遊天磨山記」

14

성거천마고사

聖居天摩古事

허목許穆

해제解題

「성거천마고사聖居天摩古事」는 허목許穆, 1595~1682이 성거산과 천마산 각지의 명칭과 유래를 기술한 글이다. 성거산과 천마산은 옛 자취가 많이 남아 있는데, 주로 불교적인 것이 많이 있다. 고려가 망한 지 300년이나 되어 고려의 고사들이 황폐해졌으므로 『고려사』를 참고하여 유적과 사찰을 고증하여 기술하였다. 원통사圓通寺, 국조사國祖祠, 현화비玄化碑, 화담花潭, 박연폭포朴淵瀑布 등등 각지의 설화나 명칭의 유래를 밝히고 있다.

국역國譯

7년[98] 여름 병으로 누워 인사가 없어서 두 산의 고사를 지었다. 오관五冠·송악松嶽·제석帝釋 등의 여러 산은 사실 두 산 주변의 다른 산이고 성거산聖居山이 가장 으뜸이라고 한다.

옛 구역九域의 땅은 신라가 불교를 숭상했던 때부터 고려를 거친 1500년 동안 깊은 산과 외진 땅으로 인적이 통하지 않은 곳에는 불교의 옛 자취가 또한 많은데, 개경 북쪽 50리에 있는 성거산聖居山·천마산天摩山이 그 예이다. 먼 옛날에 산속 사찰을 세워 부처를 섬기는 일이 무수하였는데 본조本朝에서는 유학을 숭상하였다. 고려가 망한 지가 또한 300년이나 되어 고려 때의 고사古事들이 지금은 모두 황폐해졌다. 종종 그럼에도 사찰의 비석과 탑이 훼손되지 않고 남아 있는데, 오래된 것은 간혹 700~800년이나 된다.

---

98) 7년: 숭정(崇禎) 7년으로 1634년인 듯하다. 허목은 이 해에 부친상을 당하였다.

석두산石頭山 수릉壽陵[99]에서부터 성거산 수릉에까지 이르게 되면 정상에 큰 연못이 있는데 이를 '천지天池'라 한다. 성거산은 고구려의 구룡산九龍山인데, 어떤 사람들은 다음과 같이 말한다. "낙랑樂浪의 평나산平那山인데, 산에 국조사國祖祠가 있어서 부르길 성거산이라 하였다." 산에는 남쪽과 북쪽에 두 개의 성거聖居와 북쪽과 서쪽 그리고 남쪽 세 개의 상령桑靈이 있는데 모두 난야사蘭若寺의 이름이고 산의 기운은 여기에 이르면 가장 깊다. 북쪽 성거 위에는 법달굴法達窟이 있는데 법달은 옛 조사祖師의 이름이다. 그 위에는 철 갈고리가 있어 이 것을 잡고서 정상에 오른다.

남쪽 성거居下 아래는 원통사圓通寺이다. 원통은 옛 심적사尋跡寺의 승려이다. 사람들이 전하기에 옛사람이 관음보살의 자취를 얻어서 부처로 변했기 때문에 이러한 이름을 얻게 되었다고 한다. 후대 사람들이 원통사를 지었는데 산속 가장 깊은 곳에 있다. 지금은 부도석옹浮圖石瓮이 있는데 오래되어서 연대를 알 수 없다.

정상 서쪽 기슭에 통성굴通聖窟이 있는데 옛날에 그 굴을 막았다. 굴 앞에는 샘이 있어서 물새들이 날아 모여든다.

정상 북쪽에 국조사國祖祠가 있고 동쪽 골짜기에 복흥사福興寺가 있는데 지금은 쌍석탑靈石塔이 있으며 그 위에 일숙암日宿庵이 있다.

정상 서남쪽 두 번째로 높은 봉우리에 원효대元曉臺·의상대義相臺가 있다. 의상대는 원효대 남쪽에 있고 다시 그 남쪽에 인달암仁達庵·금신암金身庵이 있다. 그 아래는 사미천沙彌川이 발원하고 금신암 아래에 금신사金身寺가 있다. 다시 그 아래에 금신굴金身窟이 있고 인달암 서쪽에 인달석탑仁達石塔이 있다.

정상 서북쪽 기슭에 길성吉星이 있다.

금신암金身庵 동쪽이 오도령悟道嶺이고 다시 그 동쪽이 영취산靈鷲山이며 영취

---

99) 수릉(壽陵): 임금이 죽기 전에 미리 만들어 두는 임금의 무덤을 말한다.

산 남쪽에 현화사玄化寺가 있다. 『고려사高麗史』현종顯宗 12년1021 3월에 현화사 북산이 무너져 옥이 나오자 8월에 왕이 현화사에 행차하여서 한림학사翰林學士 주저周佇에게 명하여 현화비玄化碑를 짓게 하고 참지정사參知政事 채충순蔡忠順에게 비문의 글씨를 쓰게 하였으며 왕이 친히 전서篆書로 '영취산대자은현화비靈鷲山大慈恩玄化碑'를 썼다[100]고 한다. 또 부도석탑이 있다.

의종毅宗 20년1166 3월에 왕이 금신사金身寺에서 부처에게 제사를 올렸다. 다음 해 3월에 영통사靈通寺로 행차하였고 미복잠행微服潛行[101]으로 금신굴金身窟에 이르러 수희受釐[102]하고 현화사에서 연회를 베풀었다. 현화사에는 청녕재淸寧齋 중미정衆美亭이 있고 남쪽 연못에 갈대, 물오리, 기러기의 경관이 있다.[103] 또 귀법사歸法寺로 갔다.

24년1170 봄에 낭성狼星이 남극에 나타나자 노인성老人星이 나타났다고 여겨 서해도西海道에 역마로 알렸다.[104] 그때 왕은 현화사玄化寺에서 유람하고 있었는

---

100) 8월에 …… 썼다: 『고려사절요(高麗史節要)』권3, 신유십이년(辛酉十二年) 조에 다음과 같은 내용이 보인다. "왕이 현화사(玄化寺)에 가서 비(碑) 세우는 것을 보고 친히 액자를 전자(篆字)로 쓰니, 일찍이 한림학사 주저에게 비문을 짓게 하였던 것이다(王, 如玄化寺, 觀立碑, 親篆額, 嘗命翰林學士周佇, 製碑文)."

101) 미복잠행(微服潛行): 외교사절(外交使節)이나 원수(元首)가 그 신분(身分)을 제3국(第三國)에 알리지 않고 하는 여행(旅行)을 말한다.

102) 수희(受釐): 제사가 끝난 뒤의 고기를 받는 것으로 음복(飮福)과 같은 뜻이다.

103) 의종(毅宗) …… 있다: 『고려사절요(高麗史節要)』권11, 정해이십일년(丁亥二十一年) 조에 다음과 같은 내용이 보인다. "3월에 왕이 비를 무릅쓰고 장흥원(長興院)에 행차하여, 중 각예와 더불어 밤에 술을 마시고, 우승선 김돈중에게 명하여 시를 짓게 하였다. 왕이 몰래 금신굴(金身窟)에 이르러 나한재(羅漢齋)를 베풀고, 현화사(玄化寺)로 돌아와 이공승·허홍재(許洪材)·각예 등과 더불어 중미정(衆美亭) 남쪽 못에 배를 띄워 술을 마시며 매우 즐겼다. 이보다 앞서, 청녕재 남쪽 기슭에 정자각(丁字閣)을 세우고, 중미정이란 현판을 달았다. 정자 남쪽 시내[澗]에 흙과 돌을 쌓아 물을 저장하고, 언덕 위에 초가(草家) 정자를 지었는데 오리가 놀고, 갈대가 우거진 것이 완연히 강호(江湖)의 경치와 같았다(三月, 王, 冒雨, 幸長興院, 與覺倪夜飮, 命右承宣金敦中, 賦詩. 王, 微行, 至金身窟, 設羅漢齋, 還玄化寺, 與李公升, 許洪材, 覺倪等, 泛舟衆美亭南池, 酣飮極歡, 先是, 淸寧齋南麓, 構丁字閣, 扁曰衆美亭, 亭之南澗, 築土石貯水, 岸上作茅亭, 鳧鴈蘆葦, 宛如江湖之狀)." 다만 의종 21년인 1167의 기록으로 허목의 기록과 1년 차이를 보인다.

104) 24년 …… 알렸다: 『고려사절요(高麗史節要)』권11, 경인이십사년(庚寅二十四年) 조에 다음과 같은 내용이 보인다. "갑신일에 낭성(狼星)이 남극(南極)에 나타났는데, 서해도 안찰사 박순가(朴純嘏)가 노인성(老人星)이라 하여 역마를 달려 급히 이를 아뢰었다(甲申, 狼星, 見于南極, 西海道按察使朴純嘏, 以爲老人星, 馳奏之)." 낭성(狼星)은 천랑성(天狼星)의 준말로, 반란이나 전쟁을 상징하는 불길한 별 이름이다. 노인성(老人星)은 남극(南極)에 있는 별이름인데, 춘분(春分)·추분(秋分) 때에 나타난다. 이 별을 보는 사람은 오래 산다고 한다.

데, 노인성을 여러 단에서 크게 제사하도록 명령하고 여러 신하의 하례를 받았다. 그해에 정중부鄭仲夫의 난[105]이 일어나 곤원사坤元寺에서 왕이 시해되었다.

금신암金身庵 서쪽은 오관산五冠山이고 그 아래가 영통사靈通寺인데, 『지지地誌』에는 마가갑摩訶岬이라 하였다. 지금 그 북쪽에 사단祀壇이 있어 중춘仲春과 중추仲秋에 소사小祀를 지내는 것이 『사전祀典』에 있다.

『고려사 오행지五行誌』에 다음과 같이 서술하였다. "인종仁宗 6년1128 겨울에 영통사靈通寺의 동고銅鼓[106]가 울었다. 12년 봄에는 큰 가뭄이 들자 왕이 영통사에 행차하여 비를 기원하였다. 의종毅宗 원년1147 5월에 왕이 영통사에서 후사에 대해 기도를 하고 『화엄경華嚴經』을 50일 동안 강하였다.[107] 2년 여름에 산에 큰비가 왔는데 하룻밤에 영통천 물이 넘치고 토산이 무너져 내려 백성들이 물에 빠져 죽은 자가 많았다. 24년1170 정월에 왕이 영통사에 행차하여 화엄회華嚴會를 열었다.[108]"

영통사에 이끼가 낀 오래된 비석이 있는데 글자가 깎이고 떨어져서 읽을 수가 없다.

고려 때 효자인 문충文忠이 오관산 아래에서 거처하면서 오관곡五冠曲을 지었는데 악부樂府에 전한다.[109]

서해도는 지금의 황해도를 말한다.

105) 정중부(鄭仲夫)의 난: 1170년(의종 24) 정중부 등이 문신귀족 정치에 반발해 일으킨 난으로 경인년에 일어났으므로 경인(庚寅)의 난이라고도 한다. 정중부 등이 반란을 일으켜 문신귀족 정치를 타도하고 무신정권을 수립해 고려사회에 일대 변혁을 가져오게 하였다.

106) 동고(銅鼓): 꽹과리. 농악과 무악 따위에 사용하는 타악기(打樂器)의 하나이다.

107) 의종(毅宗) …… 하였다: 『고려사절요(高麗史節要)』 권10, 정묘원년(丁卯元年) 조에 다음과 같은 내용이 보인다. "영통사(靈通寺)에서 후사를 점지해 주기를 기도하여, 화엄경을 50일 동안 강(講)하였다(禱嗣于靈通寺, 講華嚴經五十日)."

108) 24년 …… 열었다: 『고려사절요(高麗史節要)』 권11, 경인이십사년(庚寅二十四年) 조에 다음과 같은 내용이 보인다. "기묘일에 왕이 영통사(靈通寺)에서 화엄회(華嚴會)를 베풀고, 친히 불소(佛疏)를 지어 문신에게 보이니, 백관들이 표를 올려 하례하였다(己卯, 王, 如靈通寺, 設華嚴會, 親製佛疏, 宣示文臣, 百官表賀)."

109) 고려 …… 전한다: 『신증동국여지승람(新增東國輿地勝覽)』 권12 「장단도호부(長湍都護府)」에 다음과 같은 기록이 보인다. "고려사람 문충(文忠)은, 세계(世系)가 상세하지 않은데, 어머니를 지극한 효성으로 섬겼다. 오관산 영통사동(靈通寺洞)에 살았는데 서울과 30리 떨어진 곳이다. 어머니의 봉양을 위해 녹사(祿仕)를 하되,

영통靈通 계곡 입구는 화담花潭이다. 화담 가에는 옛날 은자隱者인 서경덕徐敬德 선생의 거처가 있었는데, 지금은 화담 은자의 사당[110]이 있다. 그 위에는 서경덕 선생의 무덤이 있다.

오관산 동쪽은 봉악산鳳嶽山이고 그 아래는 화장사華藏寺로 화장사에는 공민왕恭愍王의 초상화[111]가 있다. 고려의 유민들이 비용을 내어 진전眞殿[112]에 모셨다. 전한 것이 또한 수백 년이나 되니, 유민의 풍속이 오히려 대국大國의 유풍遺風이 있다. 승려들이 대대로 지켜오는 서축西竺 범문梵文으로 된 패엽경貝葉經이 있는데, 어떤 자들은 전하기에 지공指空이 쓴 것이라 하기도 한다.[113] 또 지공의 등신불等身佛이 있다. 그 동남쪽은 불일사佛日寺로 광종光宗의 어머니인 순성順成 유태후劉太后의 원당願堂[114]이 있는데 지금은 반쯤 무너진 석탑이 있다. 『고려사』에는 광종光宗 2년951에 불일사·대봉은大奉恩사를 지었다고 하는데 대봉은사는 태조太祖의 원당으로 개경 남쪽에 있다.

『고려사』에 태조太祖 천수天授[115] 4년921 오관산에 대흥사大興寺를 만들고 부도 이언利言[116]을 맞이하였다. 광종光宗 6년955에 대흥사를 중수하고 왕이 낙성도량落成道場에 행차하였다.

아침에 나갈 때는 반드시 아뢰고 저녁에 돌아올 때 반드시 뵙고 저녁에는 잠자리를 보살피고 새벽에는 문안하는 것을 조금도 게을리하지 않았다. 그 어머니가 늙은 것을 탄식하여 목계가(木鷄歌)를 지었는데, 오관산곡(五冠山曲)이라 이름하였고 악보(樂譜)에 전한다. 이제현(李齊賢)의 사(詞)에, '나무 깎아 작은 당 닭[唐鷄] 한 마리 만들어, 젓가락으로 찍어다가 벽 위에 올려 앉혔네. 이 닭이 꼬끼오 꼬끼오 시간을 알리니, 우리 어머니 얼굴이 비로소 해가 서쪽에 편평한 것과 같아라' 하였다."

110) 은자의 사당: 화곡서원(花谷書院)을 말한다. 서원은 화담(花潭)의 옛터에 있는데, 광해주 기유년(1609)에 세웠고, 인조(仁祖) 을해년(1635)에 사액하였다.

111) 초상화: 조경자사도(照鏡自寫圖)를 말한다.

112) 진전(眞殿): 왕의 초상화인 어진(御眞)을 봉안, 향사하는 장소이다.

113) 승려들이 …… 한다: 서축은 서천축국(西天竺國)으로 인도를 말한다. 패엽경(西竺貝葉經)은 패다라수(貝多羅樹) 잎에다 불경을 쓴 것이다. 지공(指空)은 서역(西域)의 술승(術僧)으로 원(元)나라를 거쳐서 고려에 왔다.

114) 원당(願堂): 각 사찰(寺刹) 안의 일실(一室)로 궁사 또는 민가(民家)에 베풀어 왕실(王室)의 명복(冥福)을 빌던 곳이다. 신라(新羅) 때에도 있었던 것으로 추측되며, 고려(高麗) 때 크게 성행하여 조선시대에 계승되었다. 궁중(宮中)의 것을 내원당(內願堂)이라 일컬었다.

115) 천수(天授): 918~943년에 사용된 고려 태조의 연호이다.

116) 이언(利言): 당(唐)나라의 승려도 서역인이다. 920년 10월에 평양에서 돌아온 왕건이 이언을 왕사로 삼았다.

박연朴淵은 성거산과 천마산 사이에 있는 큰 폭포인데, 하나의 하연下淵[117]이 있어 물이 마르면 희생犧牲과 폐백幣帛을 사용한다. 『고려사·오행지』에 "충렬왕 19년1293 겨울에 박연폭포의 말이 말랐다"고 하였다. 지금은 용사龍祠 아래에 태종대太宗臺가 있다. 박연의 물줄기는 북쪽으로 흘러가 제석산帝釋山 아래를 지나서 오조천五祖川이 된다. 박연 위는 옛날 제명사題明寺로, 제명은 고려의 승려이다. 위에는 천 그루의 밤나무가 있고 또 해송海松 천 그루가 있는데 모두 제명이 심은 것이라고 한다. 8월에 그 열매를 공물로 바친다.

『고려사』에 보면 태조 천수 7년924에 외제석원外帝釋院을 만들었다.[118] 문종文宗이 매번 성평절成平節[119] 기복영상도량祈福迎祥道場을 7일간 베풀었는데, 성평절은 문종의 수절壽節이다. 인종 18년1140 여름에 가뭄이 들어 왕이 직접 제석원帝釋院에서 기도하였다. 의종 7년1153에는 왕이 외원外院에 행차하여 나한재羅漢齋[120]를 올리고 복을 기원하였다. 서쪽은 상령사桑靈寺이고 아래는 운거사雲居寺이다. 연못을 지나 관음굴觀音窟로 오르면 돌로 만든 관음불이 있는데, 천마산 동쪽 기슭과 정광봉頂光峯에 아래에 있다. 정광봉 서쪽은 미륵봉彌勒峯이고 다시 서쪽은 문수봉文殊峯이다. 미륵봉 남쪽은 보현봉普賢峯이고 천마봉은 문수봉 남쪽에 있으며 그 서쪽은 나월봉蘿月峯이다.

『고려사』에서는 충목왕忠穆王 4년1348인 겨울에 왕의 병이 심해지자 찬성사贊成事 이군해李君侅로 하여금 천마산天摩山에서 수륙회水陸會를 열고 기도드리게 하였다.

천마산 남쪽은 송악산으로 고려의 풍속이 귀신을 좋아하여 산 위에 음사淫

---

117) 하연(下淵): 고모담(姑母潭)으로 박연폭포 아래에 직경 40m 정도의 바위 연못을 말한다.
118) 태조 …… 만들었다: 『고려사절요(高麗史節要)』권1, 갑신칠년(庚寅二十四年) 조에 보면 다음과 같은 내용이 보인다. "이해에 외제석원(外帝釋院)과 구요당(九曜堂)·신중원(神衆院)을 창건하였다(是歲, 創外帝釋院九曜堂, 神衆院)."
119) 성평절(成平節): 고려의 제11대 임금인 문종(文宗)의 생일이다.
120) 나한재(羅漢齋): 아라한(阿羅漢)을 신앙의 대상으로 하여 복을 구하고 재난이나 질병이 없기를 기원하는 의식이다.

祠가 있다.

안화사安和寺는 송악산 동쪽 기슭에 있는데 옛 우물이 있어 그 계곡을 '자하동紫霞洞'이라 한다.

『고려사』에 태조가 도읍을 정한 뒤 법왕사法王寺·왕륜사王倫寺 등 10개의 사찰을 도읍에 세웠다. 그 유계遺戒에 다음과 같이 말하였다. "도선道詵이 산수의 역순逆順을 미루어서 점을 쳐서 사찰을 세웠으니 후세에 함부로 사찰을 증설하는 것은 도선이 금한 것이다."

사지祀誌에 "무릇 홍수나 가뭄이 들면 송악산 천수川水에서 모든 신에게 제사를 지내는데 이를 천상사川上祀이다"라고 하였다.

『고려사』에 덕종德宗 3년1034인 5월에 운석이 송악산에 떨어졌다고 하였다.

예종睿宗 13년1118에 안화사安和寺를 중건하였다. 송宋나라 도군황제道君皇帝가 태자태사太子太師인 채경蔡京121)에게 명하여 문의 현판에 '정국안화사靖國安和寺'라는 다섯 자를 대자大字로 써 내려 주었고, 또 16나한 소상塑像을 하사하였다. 의종毅宗 12년1158에 안화사에 행차하여 석정石井의 시를 읊었다.

충혜왕이 복위한 3년1342 8월에 송악이 울었다.

우왕禑王 원년1375인 8월에 송악사松岳祠에서 귀신이 사람처럼 곡하였다.

---

121) 채경(蔡京): 1047~1126년. 중국 북송(北宋) 말기의 재상·서예가. 16년간 재상자리에 있으면서 숙적 요(遼)를 멸망시켰으나, 휘종에게 사치를 권하고 재정을 궁핍에 몰아넣었다. 금군(金軍)이 침입하고 흠종 즉위 후, 국난을 초래한 6적(賊)의 우두머리로 몰려 실각하였다. 문인으로서 뛰어나 북송 문화의 흥륭에 크게 기여하였다.

원문原文

七年夏. 病臥無人事. 作二山古事. 五冠, 松嶽, 帝釋諸山. 實二山之傍麓別山. 而聖居最宗云.

古九域之地. 自新羅崇佛教. 歷高麗千五百年. 深山絶境. 人跡所不通. 亦多浮屠古跡. 如聖居, 天摩在開京北五十里. 前古. 山中建立寺院. 事佛無數. 本朝尙文教. 麗亡且三百年. 亡麗古事. 今皆荒廢. 往往猶有浮圖碑塔不毁. 遠者或七八百年. 自石頭壽陵. 至聖居壽陵. 絶頂有大澤. 謂之天池. 聖居者. 句麗之九龍山. 或曰. 樂浪之平那山. 山有國祖祠. 號曰聖居山. 山有南北二聖居. 北西南三桑靈. 皆蘭若名. 山氣至此最深. 北聖居上. 有法達窟. 法達者. 古祖師名. 其上有鐵鉤. 攀登絶頂.

南聖居下. 圓通寺. 圓通者. 古尋跡寺浮屠. 人相傳古人得觀音佛跡. 化爲佛. 有此名云. 後人作圓通寺. 最在山中. 今有浮圖石瓮. 古遠不知年代.

絶頂西麓. 通聖窟. 前古塞其窟. 窟前有泉. 水鳥翔集.

絶頂北. 國祖祠. 東壑福興. 今有霾石塔. 其上日宿.

絶頂西南次峯. 有元曉, 義相臺. 義相臺. 在元曉南. 又其南仁達, 金身. 其下沙彌發源. 金身下. 有金身寺. 又其下金身窟. 仁達西. 有仁達石塔.

絶頂西北麓. 有吉聖.

金身東爲悟道嶺. 又東爲靈鷲. 靈鷲南玄化. 麗史. 顯宗十二年三月. 玄化北山崩. 出玉. 八月. 王幸玄化寺. 命學士周佇. 作玄化碑. 參政蔡忠順書碑. 王親篆曰. 靈鷲山大慈恩玄化碑. 又有浮圖石塔.

毅宗二十年三月. 王祭佛於金身寺. 明年三月. 幸靈通寺. 微行至金身窟. 受釐. 遊宴玄化寺. 玄化有淸寧齋, 衆美亭. 有南池蘆葦, 鳧雁之觀. 又如歸法寺.

一十四年春. 狼星見於南極. 以爲老人星見. 西海道驛聞. 時王遊玄化寺. 命

116

大祭老人星於諸壇. 受群臣賀. 其年鄭仲夫之亂作. 弑王於坤元寺.

金身西爲五冠山. 其下靈通寺. 地誌. 謂摩訶岬. 今其北. 有祀壇. 春秋仲月. 小祀在祀典.

五行誌曰. 仁宗六年冬. 靈通寺銅鼓鳴. 十二年春. 大旱. 王幸靈通寺. 禱雨. 毅宗元年五月. 王禱嗣於靈通寺. 講華嚴經五十日. 二年夏. 山中大雨. 一夜. 靈通川水溢. 土山崩. 民多淹死. 二十四年正月. 王幸靈通寺. 設華嚴會.

靈通寺. 有莓苔古碑. 字剝落不可讀.

麗時. 有孝子文忠. 居五冠山下. 作五冠曲. 傳於樂府.

靈通谷口花潭. 潭上. 古有隱者徐敬德先生林居. 今有花潭隱者之祠. 其上. 有徐先生塚.

五冠東爲鳳嶽. 其下華藏. 華藏. 有恭愍王圖像. 麗之遺民. 廛出布. 共眞殿. 傳且累百年. 呡俗猶有大國遺風. 浮屠傳守貝葉經西竺梵文. 或傳指空書云. 又有指空等身. 其東南佛日. 光宗母順成劉太后願堂. 今有石塔半毀. 麗史. 光宗二年. 作佛日大奉恩. 大奉恩. 太祖願堂. 在開京南. 麗史. 太祖天授四年. 作大興寺于五冠山. 迎浮屠師利言. 光宗六年. 重作大興寺. 王幸落成道場.

朴淵. 在聖居, 天摩二山之間. 爲大瀑. 有一下淵. 水旱用牲幣. 五行誌曰. 忠烈十九年冬. 朴淵涸. 今龍祠下. 有太宗臺. 朴淵之水北流. 過帝釋山下. 爲五祖川. 淵上古題明寺. 題明者. 麗僧. 上有千樹栗. 又海松千樹. 皆題明所樹云. 八月. 貢其實.

麗史. 太祖天授七年. 作外帝釋院. 文宗每以成平節. 設祈福迎祥道場七日. 成平節. 文宗壽節也. 仁宗十八年夏. 旱. 王親禱帝釋院. 毅宗七年. 王幸外院. 設羅漢齋. 祝釐. 西桑靈. 下雲居. 過淵上觀音窟. 有石觀音. 在天摩東麓, 頂光峯下. 頂光西彌勒峯. 又西文殊峯. 彌勒南普賢峯. 天摩峯在文殊南.

其西蘿月峯.

麗史. 忠穆王四年冬. 王病. 使贊成事李君侅. 設水陸會於天摩山. 行禱.

天摩南松嶽. 麗俗好鬼神. 山上有淫祠.

安和寺. 在松嶽東麓. 有古井. 其谷曰. 紫霞之洞. 麗史. 太祖旣定都. 作法王, 王倫諸十刹於王都. 其遺戒曰. 道詵推占山水逆順. 建立寺院. 後世妄加浮屠者. 詵之禁也.

祀誌曰. 凡水旱. 祭百神於松嶽川水上. 曰川上祀.

麗史. 德宗三年五月. 石隕于松嶽.

睿宗十三年. 重作安和寺. 宋道君皇帝. 命太子太師京. 書門額靖國安和寺五大字以賜之. 又賜十六羅漢塑像. 毅宗十二年. 幸安和寺. 賦石井之詩.

忠惠後三年八月. 松岳鳴.

禑元年八月. 松岳祠. 鬼哭如人哭.

출전: 許穆, 『記言』, 「聖居, 天摩古事」

15

감악산

紺嶽山

허목許穆

해제解題

「감악산」은 허목許穆, 1595~1682이 송상사宋上舍를 방문하여 함께 감악산紺嶽山을 유람하고 소회를 기록한 것이다. 산의 위치를 비교적 상세히 기록하였다. 감악사紺嶽祠, 왕신사王神祠를 둘러보고 신사神祠 옆 석굴에서 노자상老子像을 감상했다. 그리고 「노자열전」, 『사기정의史記正義』, 「공자세가」, 『사기색은』 등에 노자에 관한 기록을 적어 놓았다.

국역國譯

9월 29일에 한산寒山으로 송상사宋上舍를 방문하였다. 송상사의 나이는 87세로 우리 인조께서 즉위하신 2년1624 벼슬에 나아갔다. 효종 때에는 80세 이상인 자들에게 벼슬을 내려주었으나 상사는 벼슬을 받지 않았다. 머리가 희고 수척하였는데 산택山澤의 유람을 즐겼다. 상사는 삼대三代가 모두 장수하였는데, '한산에서 장수하는 집안[寒山壽考之世]'이라 말한다.

나와 함께 감악산紺嶽山[122]에 유람하였는데, 저녁에 견불사見佛寺에 묵었고 새벽에는 정상 그늘진 낭떠러지에 올라 신정神井에서 물을 마셨다. 그 위는 감악사紺嶽祠로 석단이 세 길이고 단 위에는 산비山碑가 있었는데, 오래되어 글자가

---

122) 감악산(紺嶽山): 경기도 파주시의 북부에 위치한 산이다(고도: 675m). 파주시와 양주시·연천군의 경계에 있다. 『신증동국여지승람』에는 감악산과 관련한 많은 기록이 있다. 조선 시대에는 적성현에 속한 지역이었으며, 현의 동쪽으로 20리 지점에 산이 있다. 『여지도서』의 기록에는 감악산에서 이어지는 산줄기가 북으로는 마미산(馬尾山), 서로는 월라산(月羅山), 남으로는 차거산(磲礰山) 등을 형성한다. 조선 왕조가 개국하자 의령 출신의 남을진(南乙珍)이라는 사람이 감악산 석굴에 들어가 숨어서 나오지 않아 태조가 그의 거소를 찾아왔다는 이야기도 전해진다. 감악산 서쪽 정상에는 용지(龍池)라는 연못이 있는데, 가물거나 장마가 져도 물이 불거나 줄지 않는다고 기록하였다. 또한, 감악산에는 감악사(紺岳寺)·운계사(雲溪寺)·신암사(神巖寺) 등의 절이 있었다 한다(한국지명유래집 중부편, 2008.12, 국토지리정보원).

매몰되었다. 옆에는 설인귀薛仁貴[123]의 사당이 있다. 어떤 이들은 왕신사王神祠라고도 하는데 음사淫祠[124]로 그 귀신이 요망하게 화복禍福을 부리므로 사람들에게 제삿밥을 얻어먹는다고 한다.

산은 모두 석봉이며 정상은 2,300길로 아주 먼 곳까지 다 볼 수 있다. 그 동쪽은 마차산摩嵯山이고 그 너머는 왕방산王方山, 또 그 너머는 화악산華嶽山과 백운산白雲山이다. 동북쪽은 환희석대懽喜石臺가 경기와 관서의 경계에 있다. 그 너머는 고암산高巖山으로 옛 맥貊의 땅이다. 서북쪽은 평나산平那山과 천마산天摩山이고 남쪽으로는 삼각산三角山과 도봉산道峯山이 바라보인다. 그 북쪽은 대강大江으로 오강烏江에서부터 아미峨湄·호로瓠蘆·석기石岐·임진臨津이 되어 조강祖江에 이르기까지 100리이다. 조강 서쪽은 옛 강화江華이고 강화 서쪽은 연평延平 바다로 실은 옛 연燕나라·제齊나라의 바다이다.

신사神祠 옆 산석山石 사이에 석굴에서 돌로 만든 노자老子[125]를 보았는데, 이마를 드러내고 머리를 풀어헤쳤으며 손을 모으고 있는 것이 신령함이 있는 듯하였다. 태사太史 사마천司馬遷[126]이 「노자열전老子列傳」을 지어 다음과 같이 말하

---

123) 설인귀(薛仁貴): 설인귀(薛仁貴)는 당(唐)의 태종(太宗, 598~649)과 고종(高宗, 628~683) 시기에 활약한 장수(將帥)로 613년에 강주(絳州) 용문(龍門), 지금의 산서성(山西省) 하진(河津)에서 태어났다. 이름은 예(禮), 자(字)는 인귀(仁貴)이다. 농민 출신으로 기마와 궁술에 뛰어난 것으로 알려져 있다. 설인귀(薛仁貴)에 관한 이야기는 18세기 이후 우리나라에서도 「설인귀전」으로 번역되어 다른 영웅소설들에 영향을 끼치기도 했다. 또한 특이하게도 경기도 파주시 적성면 감악산(紺嶽山)에는 설인귀가 이곳에서 태어났다는 설화가 전해지며, 그를 산신으로 숭앙하는 풍습이 전승되고 있다. 『동국여지승람(東國輿地勝覽)』에도 "감악산사는 민간에 전하기를 신라가 당나라의 설인귀를 산신으로 삼고 있다(紺岳祠諺傳, 新羅以唐薛仁貴爲山神)"는 기록이 남아 있다.

124) 음사(淫祠): 사신(邪神)을 제사(祭祀)한 사당(祠堂)을 말한다.

125) 노자(老子): 이름은 이이(李耳), 자는 담(聃), 노담(老聃)이라고도 한다. 초(楚)나라 고현[苦縣, 지금의 하남성(河南省) 녹읍현(鹿邑縣)] 출생. 춘추시대(春秋時代) 말기 주(周)에서 장서실(藏書室)을 관리하던 수장실사(守藏室史)를 하였다. 공자(B.C. 552~B.C. 479)가 젊었을 때 뤄양[洛陽]으로 노자를 찾아가 예(禮)에 관한 가르침을 받았다는 이야기도 전해진다. 주나라의 쇠퇴를 한탄하고 은둔할 것을 결심해 서방(西方)으로 떠나는 도중에 관문지기의 요청으로 상·하(上·下) 2편의 책을 써 주었다고 한다. 이것을 『노자』라고 하며 『도덕경(道德經)』이라고도 하는데, 도가 사상의 효시로 일컬어진다. 그러나 이 전기에는 의문이 많아, 노자의 생존을 공자보다 100년 후로 보는 설이 있는가 하면, 그 실재 자체를 부정하는 설도 있다.

126) 사마천(司馬遷): 전한시대의 역사가이며 『사기(史記)』의 저자이다. 무제의 태사령이 되어 사기를 집필하였고 기원전 91년 『사기』를 완성하였다. 중국 최고의 역사가로 칭송된다. 『사기』의 규모는 본기(本紀) 12권, 연표(年表) 10권, 서(書) 8권, 세가(世家) 30권, 열전(列傳) 70권으로 모두 130권 52만 6천 5백 자에 이른다. 사마천은

였다. "공자가 이르기를, '새는 잘 날 수 있음을 내가 알고, 물고기는 잘 헤엄칠 수 있음을 내가 알며, 들짐승은 잘 달릴 수 있음을 내가 알지만, 용은 바람과 구름을 타고서 하늘에 오른 것을 내가 알 수 없다. 내가 노자를 만나 보니 그는 용과 같도다!'"[127] 노자는 주周나라의 주하사柱下史[128]였는데, 『사기정의史記正義』[129]에 다음과 같이 말하고 있다. "주나라 평왕平王 때에 노자는 주나라가 쇠퇴함을 보고서 도덕道德을 말한 5,000여 글자의 책을 쓰고 떠났다. 「공자세가孔子世家」에 '공자는 주나라에 가서 노자에게 예를 물었다'라고 하였는데, 당시는 경왕景王 때로, 평왕에서부터 12번째의 왕이다." 그 전傳에 다음과 같이 말하고 있다. "공자가 죽은 지 129년 되었다. 『사기』에는 주나라 태사 담儋이 진秦나라 헌공獻公을 만나 말하길, '진나라와 주나라가 병합되었다가 분리되고 분리되었다 다시 병합되었는데, 병합한 지 70년이 되면 패자覇者나 왕자王者가 나올 것이다'고 하였다. 담은 바로 노자이다." 『사기색은史記索隱』에 다음과 같이 말하고 있다. "노자가 태어난 해로부터 공자 시대에 이르기까지 160년이고, 태사 담에까지는 200여 년이 된다." 노자가 언제 죽었는지는 알 수 없다.

지금 그 석기石記를 살펴보니, 성화成化 4년1468에 등신불等身佛[130]을 세웠다고 한다. 바위 위에 앉아 석용石茸을 땄는데, 『본초강목本草綱目』에서는 "영지靈芝로, 이름난 산의 바위 낭떠러지에서 자란다"고 하였다. 그 서쪽은 석봉산石峯山이고 아래는 운계사雲溪寺로 운계폭포가 보인다. 그 북쪽 계곡에는 봉대鳳臺가 있고 봉대 서쪽은 옛날 은적사隱跡寺이다. 저녁에 동쪽 기슭으로 내려와서 기록하다.

『사기』가 완성된 2년 후에 사망하였다. 사마천은 자신이 저서를 『태사공서(太史公書)』라고 불렀지만 후한시대에 들어와 『사기』라고 불리게 되었다.

127) 공자가 …… 하였다: 『사기(史記)』 권63 「노자한비열전(老子韓非列傳)」에 보인다.

128) 주하사(柱下史): 중국 주나라 때, 장서실을 맡아보던 관리. 특히 노자가 이 벼슬을 하여 노자를 이르기도 한다.

129) 사기정의(史記正義): 당나라 장수절(張守節)의 『사기정의』를 뜻한다. 『사기』는 많은 주석서가 전하는데, 『사기정의』는 남송 배인의 『사기집해』, 당나라 사마정의 『사기색은』과 함께 '삼가(三家) 주석'으로 대표적이다.

130) 등신불(等身佛): 사람의 키와 똑같게 만든 불상(佛像)이다.

원문原文

九月廿九日. 寒山訪宋上舍. 上舍行年八十七. 我仁祖二年. 進士. 孝宗時. 賜爵八十以上者. 而上舍不受爵. 白鬚瘦高. 樂山澤之遊. 上舍三世大年. 謂之寒山壽考之世者也. 與我遊紺嶽. 夕宿於見佛. 晨則登絶頂陰崖. 汲神井. 其上紺嶽祠. 石壇三丈. 壇上有山碑. 舊遠沒字. 傍有薛仁貴祠堂. 或曰. 王神祠. 爲淫祠. 其神能作妖以禍福. 食於人. 山皆石峯. 絶頂二千三百丈. 通望甚遠. 其東摩嵯. 其外王方. 又其外華嶽, 白雲. 東北懽喜石臺. 在坼關之境. 其外高巖. 古貊地. 西北平那, 天摩. 南望三角, 道峯. 其北大江. 自烏江爲峨湄, 瓠蘆, 石岐, 臨津. 至祖江一百里. 祖江西古江華. 江華西延平洋. 實燕, 齊之海. 神祠傍山石間石窟. 觀石老子. 露頂被髮拱手. 若有神. 太史遷作老子列傳. 稱. 孔子曰. 鳥吾知其能飛. 魚吾知其能游. 獸吾知其能走. 至於龍. 吾不能知其乘風雲而上天. 吾見老子. 其猶龍耶. 老子爲周柱下史. 正義曰. 周平王時. 老子見周衰. 著書言道德五千餘言而去. 孔子世家曰. 孔子適周. 問禮於老子. 當景王時. 去平王十二王. 其傳曰. 孔子死之後百二十九年. 史記周太史儋. 見秦獻公. 言秦與周合而離. 離而復合. 合七十年而霸王者出焉. 儋卽老子. 索隱曰. 自老子生年. 至孔子時百六十年. 至太史儋二百餘年. 蓋老子莫知其所終. 今攷其石記. 成化四年. 建等身云. 坐石上. 採石茸. 本草曰. 靈芝. 生名山石崖. 其西石峯. 下雲溪寺. 觀雲溪瀑布. 其北洞鳳臺. 鳳臺西古隱跡. 夕從東麓下. 記之.

출전: 許穆, 『記言』「紺嶽山」

124

16

백운산

白雲山

허목許穆

해제解題

「백운산」은 허목許穆, 1595~1682이 영평현 관아 동쪽으로 20리 거리에 있는 백운산의 산수를 둘러보고 기록한 것이다. 시기는 정확하게 언제인지 알 수 없으나 백운산 근처에 머무르면서 수개월에 걸쳐 산을 완상한 것으로 보인다. 와룡대臥龍臺와 백운사白雲寺, 조계폭포曹溪瀑布, 옛 선적사禪寂寺, 반야사般若寺 등에 산적한 유적들을 돌아보고 감상을 적었다. 오랫동안 비가 오지 않아 산의 나무가 말라 죽은 것을 안타까워하는 심경이 고스란히 담겨있다.

국역國譯

백운산白雲山131)은 경기京畿 내의 큰 산이다. 영평현永平縣132) 관아가 있는 곳으로 동쪽으로 20리 가면 수동水洞에 와룡대臥龍臺가 있는데, 물속 석대石臺의 길이가 수십 길이다. 물이 깊고 바위가 많으며 냇가는 모두 큰 소나무와 긴 골짜기로 그 위는 사당이다. 10리의 냇물이 산중에서 발원하며 양쪽 언덕에는 흰 자갈이 많고 소나무가 울창하며 사이사이에 너럭바위와 뾰족한 바위가 많은 데 30리가 모두 그러하다. 깊이 들어가면 석장石場이 있는데, 수백 명이 앉을 수

---

131) 백운산(白雲山): 경기도 포천시 이동면과 강원도 화천군 사내면에 걸쳐 있는 산. 높이는 904m로, 광덕산(1,046m)·국망봉(1,168m)·박달봉(800m)의 산들에 둘러싸여 있다. 무엇보다 백운계곡이 유명하여, 여름철 피서지로 많이 이용된다. 백운계곡은 약 5㎞의 구간에 펼쳐져 있는데, 시원한 물줄기와 큰 바위들이 경관을 이룬다. 한여름에도 섭씨 20도를 넘지 않는다고 한다. 백운동 주차장에서 멀지 않은 곳에 흥룡사(興龍寺)가 있다. 신라 말기에 도선국사가 창건하였다고 전한다. 도선이 나무로 3마리의 새를 만들어 날려 보냈더니, 그중 한 마리가 백운산에 앉아 이곳에 세운 것이라고 한다. 여러 번 중수하면서 처음의 이름인 내원사에서 백운사로 되었다가 다시 흥룡사로 고친 것이다. 6·25전쟁 때 건물이 많이 소실되어 지금은 대웅전과 요사채만 남아 있다.

132) 영평현(永平縣): 경기도 포천군의 일부를 차지하는 옛 행정 구역이며, 1914년에 포천군에 편입되었음. 고호는 동음(洞陰)·양골(梁骨)·영흥(永興)이다.

있고 냇물은 바위 아래에 이르러 계담(溪潭)[133]이 되며 그 아래는 바위로 이루어진 물굽이이다. 석장을 지나면 산은 더욱 깊어지고 물은 더욱 맑아지며 온 계곡이 다 소나무다. 여기에 이르게 되면 못의 물은 푸르고 맑으며 피라미가 많다.

그 위는 백운사(白雲寺)로, 앞의 누대를 오르면 앞에 바위 봉우리를 마주하게 되는데, 높은 절벽이 계곡에 임해 있다. 동주(東州)가 지은 벽기(壁記)[134]에 신라의 승려 도선(道詵)이 창건하여 지금까지 800여 년이 되었고, 숭정(崇禎) 연간에 오대산(五臺山)의 승려 색름(賾凜)이 중수(重修)하였다고 한다. 동쪽 모퉁이에는 서역의 승려 석민(釋敏)의 부도(浮圖)가 있고, 영월대(迎月臺) 동쪽 창으로는 섬암(蟾巖) 바위 봉우리가 보인다. 9월 12일 밤에 달이 그 위로 나오자 앞 계곡 위아래로 반석이 많아 놀만 하였다.

그 위는 조계(曹溪) 폭포로, 작은 고개로 넘어 5리를 가면 옛 선적사(禪寂寺)[적적(寂)은 적(積)이라고도 쓴다]가 있는데 도선의 부도가 있다. 그 위는 상선암(上禪庵)으로 산속 바위 골짜기 20리 들어가자 산이 깊어 길이 끊어져 다한 곳인데, 색름이 지은 것이다. 그 아래는 반야사(般若寺)로, 자휴(自休)와 색름의 부도가 있다. 섬암 서쪽 기슭의 보문사(普門寺)는 석민이 창건한 것인데, 또한 아름다운 절이다. 온종일 산을 보고 내려오니 사람들이 나무 열매를 줍느라 계곡에 가득하였다.

지난해 동지(冬至)에는 꽃이 피었고, 섣달부터 정월에 이르기까지 눈이 쌓이고 몹시 추워 큰 나무가 대부분 얼어 죽었다. 3월에도 꽃이 피지 않았고 2월부터 5월에 이르기까지 비가 오지 않았다. 6월 하순부터 9월에 이르기까지 비가 오지 않는 데다 일찍 추워져서 모든 곡식이 익지 않고 초목이 자라지 않아 산의

---

133) 계담(溪潭): 계곡 물을 인공적으로 막아 못과 같은 기능을 부여한 것이다. 우리나라 사찰에는 계담이 비교적 많이 남아있다.

134) 동주(東州)가 …… 벽기(壁記): 동주는 이민구(李敏求, 1589~1670)의 호. 조선 중기의 문신으로 문장이 뛰어나고 사부(詞賦)에 능했다. 강도검찰부사(江都檢察副使), 경기우도 관찰사 등을 지냈다. 주요 저서로 『동주집(東洲集)』 등이 있다. 벽기는 『동주집(東州集)』 권3 「백운산백운사중수기(白雲山白雲寺重脩記)」를 말하며 "僧史稱道詵國師實刱是寺, 近八百年風雨之所震撼, 雀鼠之所穴棲, 楹棟中摧, 丹靑黯澹, 龍象無依, 緇流歎息. 有賾凜長老住錫于茲, 慨然以興起事功爲己任"이라 하였다.

나무가 대부분 말라죽었으니 극무(極無)[135]라 할 만하였다.

백운산 남쪽은 화악산(華嶽山)으로 경기와 관서지방의 경계에 있는데, 수춘(壽春)·동음(洞陰)·가평(嘉平)지역에[136] 걸쳐있으며 주위가 300리이다. 그 서쪽 기슭은 돌이 겹겹이 쌓인 가파른 바위산으로 정상에 이르러 극치를 이룬다. 구름과 안개가 낮에도 어둑하기 때문에 사람들이 두려워하여 그 꼭대기에 감히 올라가지 못한다. 날이 가물면 마을에서 많은 사람을 뽑아 그 꼭대기를 오르게 하여 비를 얻게 한다. 봄과 여름이 교차할 때에는 큰 우레와 번개, 비와 우박이 천마산(天摩山)과 박연(朴淵)에서부터 삭북(朔北)·과말(過末)·지장(地藏)·화적(禾積)·삼부(三釜)·학재(鶴嶺)를 지나 백운산 정상에 이르고 화악산에 이르러서 그치기에 산중 사람들은 이것을 일러 '용이 이동한 것[龍移]'이라 한다.

원문原文

白雲山. 圻內大山. 永平縣治東二十里水洞. 有臥龍臺. 水中石臺. 袤數十丈. 水深多石. 川上皆長松脩峽. 其上社堂. 十里川水. 發源於山中. 兩岸多白礫深松. 往往多盤石嵋巖. 三十里皆然. 深入. 有石場可坐數百人. 川水至石下爲溪潭. 其下石灣. 過石場. 山益深. 水益淸. 滿谷皆松. 至此. 潭水綠淨. 多儵魚. 其上白雲寺. 登前樓. 前對石巒高壁臨溪. 東州作壁記. 新羅僧道詵初創之. 至今八百餘年. 崇禎間. 五臺僧賾凜重創云. 東隅. 有西僧釋敏

---

135) 극무(極無): 『서경(書經)』 「홍범(洪範)」에, "여덟 번째 서징은 비 오는 것과 별 나는 것과 더운 것과 추운 것과 바람 부는 것과 제때에 맞게 하는 것이니, 다섯 가지가 갖추어지되 각각 그 절서에 맞으면 풀들도 번성할 것이다. 한 가지만 너무 갖추어져도 흉하고, 한 가지만 너무 없어도 흉하다(八庶徵, 曰雨, 曰暘, 曰燠, 曰寒, 曰風, 曰時, 五者來備, 各以其敍, 庶草蕃廡. 一極備凶, 一極無凶)"고 한 데서 온 말이다. 극비(極備)는 우(雨)·양(暘)·욱(燠) 한(寒)·풍(風) 다섯 가지 중에 한 가지만 너무 갖추어짐을 말하고, 극무(極無)는 한 가지만 너무 없게 되는 것을 말한다.

136) 수춘(壽春) …… 지역에: 수춘은 춘천(春川), 동음은 포천(抱川), 가평은 가평(加平)의 옛 이름이다.

浮圖. 迎月東牖. 望蟾巖石峯. 九月十二夜. 月出其上. 前溪上下. 多盤石. 可遊. 其上曹溪. 踰小嶺五里. 古禪寂. 一作積 有道詵浮圖. 其上上禪. 入山中巖洞二十里. 山深路絶而極者也. 賾凜所築. 其下般若. 有自休, 賾凜浮圖. 蟾巖西麓普門. 釋敏所築. 亦佳寺. 終日見山下. 人拾木實者滿谷. 前年冬至花開. 自臘月至正月. 積雪苦寒. 大木多凍死. 三月無花. 自二月至五月不雨. 自六月下旬. 至九月不雨. 又早寒. 百穀不成. 草木不長. 山木多枯死. 可謂極無.

白雲南華嶽. 在圻關之境. 據壽春, 洞陰, 嘉平之地. 周三百里. 其西麓積石嶄巖. 至絶頂而極. 雲霧晝晦. 人畏慄不敢登其巔. 天旱則郡邑發多人. 躡其巔得雨. 春夏之交. 大雷電雨雹. 自天摩朴淵. 從朔北, 過末, 地藏, 禾積, 三釜, 鶴嶺. 連白雲絶頂. 至華嶽而止. 山中人謂之龍移.

출전: 許穆, 『記言』「白雲山」

17

산중일기

山中日記

김수증金壽增

김수증(金壽增): 1624(인조 2)~1701(숙종 27). 조선 후기의 문신ㆍ성리학자. 본관은 안동(安東). 자는 연지(延之), 호는 곡운(谷雲). 할아버지는 상헌(尙憲)이다. 젊어서부터 산수를 좋아하여 금강산 등 여러 곳을 유람한 뒤 기행문을 남기기도 하였다. 그는 갑술옥사 이후에 관직을 사퇴한 뒤 세상을 피해 화악산(華嶽山) 골짜기로 들어가 은둔하였다. 이때 그는 성리학에 심취하여 북송(北宋)의 성리학자들과 주자의 성리서를 탐독하였다. 그 가운데에서 특히 소강절[邵康節: 중국 북송의 유학자 소옹(邵雍)을 그 시호로써 일컫는 이름]의 음양소식관(陰陽消息觀)을 정사의 조경(造景)에 응용하였다. 이와 같은 사상을 도상화(圖象化)하는 데 힘을 기울여, 주돈이(周敦頤)와 주자의 행적에 나타나는 「태극도」ㆍ「하도낙서(河圖洛書)」ㆍ「선후천팔괘도(先後天八卦圖)」 등을 정사의 경내에 있는 바위에 새겨 '인문석(人文石)'이라 하였다. 또한 계곡에 있는 바위들에 천근석(天根石)ㆍ월굴암(月窟巖) 등 소강절의 사상시(思想詩)에 나오는 음양소식관을 담은 이름도 붙여 조경을 하였다. 이들의 유적은 지금도 남아 있어 성리사상이 건축에 미친 영향을 구체적으로 알려 준다. 저서로는 『곡운집』이 있다.

해제解題

「산중일기山中日記」는 김수증金壽增, 1624~1701이 계축년1673, 현종 14 4월 11일부터 19일까지 9일간 백운봉白雲峯과 명옥뢰鳴玉瀨, 벽운계擘雲溪, 신녀협神女峽, 매월대梅月臺 등을 두루 거쳐 도성으로 돌아갈 때까지 기행 한 것을 기록한 일기이다. 김수증은 13일 구정龜汀에 도착하여 냇가를 돌아보며 벼랑을 따라 산수를 구경하고, 백운봉을 선회하여 곡운정사谷雲精舍에 도착했다. 주변의 물소리와 솔바람 소리가 섞여 듣고 있자니 만 가지 생각이 사라졌다는 감회를 남겼다. 14일에는 와룡담과 근처의 아름다운 수석水石을 감상하고 직접 '명옥뢰'라는 이름을 붙이기도 하였다. 17일에는 매월대를 유람하고 매월당 김시습이 일찍이 머무르며 경치를 감상하던 곳일 거라고 추측했다. 18일부터 도성으로 길을 떠났는데 화적연禾積淵으로 기우제를 지내러 가는 승려를 만나 가뭄을 걱정하는 편지치 못한 마음을 드러내기도 했다. 비로소 19일 저녁이 되어서 유람을 모두 마치고 도성으로 돌아갔다.

국역國譯

계축년1673, 현종 14 4월 11일. 나와서 석실石室에서 묵었는데, 장변張弁[137] 또한 따라왔다.

12일. 아침밥을 먹고 출발하였다. 점심때 포천抱川 상곡桑谷에서 밥을 먹고 날이 저물었을 때 영평永平 유곡柳谷에 투숙하였다.

13일. 구정龜汀에 도착하여 냇가로 자리를 옮겼다. 말을 왼쪽 돌에 묶고서 장

---

137) 인물정보 미상.

변張弁을 시켜 그물을 쳐서 작은 물고기를 잡아 삶아서 반찬을 마련하게 하였다. 출발하기 직전에 서경욱(徐景郁[138])을 만났는데 포천에서 오는 길이었다. 함께 도마치倒馬峙로 들어가니 골짜기 입구의 절벽은 높은 봉우리가 하늘을 찔러 구름이 나왔고, 구름과 나무가 사방으로 에워싸서 해를 볼 수 없었다. 시내 하나를 거슬러 오르는 데에 물을 건너는 곳이 열일곱 군데였고 시내가 없어지자 고갯길이 위험하여 말을 놔두고 지팡이를 짚고 걸어갔다. 벼랑의 잔교棧橋를 따라 깎아 세운 듯한 골짜기에 임하니 형세가 천백 번이나 꺾이어 돌았고, 내려다보니 아찔하여 몸이 후들후들 떨렸다. 중봉中峯에 도착하여 조금 쉬면서 좌우를 바라보니 북쪽에 백운봉白雲峯이 있고 선회하여 남쪽으로 비스듬히 기운 위험한 지점이 앞뒤로 빙 둘러싸고 있어서 끝을 찾을 수 없으며 조금 아래 고개에 또 작은 고개가 하나 있었다. 낮잠을 자고서 곡운정사谷雲精舍[139]에 도착하니 아직 해가 떨어지지 않았고 두견이 소리가 들렸다. 그날 밤 달이 밝았는데 골짜기의 하늘은 적막하였고 물소리와 솔바람 소리가 섞여서 구분이 안 되니 사람의 만 가지 생각을 싹 사라지게 하였다.

14일. 향인鄕人 몇 명이 찾아와서 물고기를 선물로 줬다. 나가서 시냇가로 걸어가니 수석水石이 절경이었다. 이것은 전에 찾지 못했던 것이니, 곡운정사 바로 앞에 있고 와룡담臥龍潭은 그 아래에 있었다. 아래위의 봉우리와 골짜기가 모두 눈앞에 들어왔다. 새로 이름 붙이기를 "명옥뢰鳴玉瀨"라고 하였다.

15일. 근처 향인鄕人 중에 또 찾아온 사람이 있었다. 김사진金士進이라는 사람이 있었는데, 신녀협神女峽 아래에 70년을 살았다고 한다. 그의 부모가 정묘년에 피난하여 이곳으로 와서 이어 살았다고 스스로 말하였다. 신녀협의 유래를

---

138) 인물정보 미상.

139) 곡운정사(谷雲精舍): 곡운정사는 김수증이 거처하던 곳으로 춘천시 사북면 지촌리의 곡운구곡에 있다. 참고로, 곡운구곡은 방화계(傍花溪)·청옥협(青玉峽)·백운담(白雲潭)·융의연(隆義淵) 등의 아홉 구비로 되어 있는 절승지이다.

잘 말했으며, 일찍이 풍악산楓岳山의 만폭동萬瀑洞·백천동百川洞을 유람하니 비록 매우 기이하였지만 샘과 돌의 아름다움은 또한 이곳과 비교하면 조금 떨어진다고 하였다. 조정길趙晶吉140)이 와서 당귀文無를 주었는데 그 길이가 두서너 자였다. 저녁에 또 물에서 낚시를 하여 고기를 잡아 주었고, 서경욱도 석청[崖蜜]과 콩깻묵[豆餠]을 가져다주었다.

16일. 젊은 서경욱 무리가 와서 밀병蜜餠을 주었다. 걸어 나와서 골짜기를 따라 북쪽으로 백여 걸음 가니 소나무 숲 사이 큰 돌이 반듯하지 않았다. 물이 그 안에서 쏟아져 또한 더할 수 없이 깨끗하니 벽운계擘雲溪라고 불렀다. 그 위에 또 경치 좋은 곳이 있는데 향인鄕人이 융의연隆義淵이라고 불렀다.

17일. 새벽에 산에 비 떨어지는 소리가 들렸는데 아침에 묵은 구름을 일으켜 산을 뒤덮다가 조금 늦게 비가 갰다. 함씨 성을 가진 두 마을 사람이 각각 석이버섯[石蕈]과 여항어餘項魚와 병풍나물[屛風菜]을 가지고 왔다. 또 김덕익金德益141)이라는 사람은 석이버섯과 해송자海松子를 가지고 왔다. 다 먹고 나서 서경욱·조정길 두 사람과 함께 설운계雪雲溪를 지나 신녀협神女峽을 구경하였다. 시냇물이 갈라져 흐르고 또 작은 시내 하나가 북쪽으로부터 나왔는데, 세 물줄기가 만나는 곳에 작은 섬 하나가 있었다. 노송老松 대여섯 그루가 있는데 물이 불어나면 나란히 함께 잠겼다. 그 아래 평평한 바위가 널찍한 것이 무려 십백十百 칸이었다. 종횡과 고저로 우뚝 솟아 잘린 것은 혹 누대 같기도 하고 깊이 팬 것은 혹 솥 같기도 하고 작은 것은 혹 발우鉢盂 같기도 하였다. 맑은 물줄기가 마구 쏟아져서 눈을 뿜어 푸른빛이 어린 듯하였고, 혹 물 따라가도 되고 혹 물을 건너도 되었다. 시내 북쪽에 언덕이 돌출해 있는데, 내가 일찍이 이곳을 방문하니 이름을 수운대水雲臺라고 하였다. 그러나 지금은 향인鄕人이 이것을 매

140) 조정길(趙晶吉): 인물정보 미상.
141) 김덕익(金德益): 인물정보 미상.

월대梅月臺라고 불렀다. 내가 자세한 이유를 물으니, 시골 풍속에서 이렇게 전해 온다고는 말하였지만 매월梅月이 누구인지는 알지 못했다. 그 지역을 자세히 관찰해보니, 풍경이 골짜기 안에서 제일 좋았고 소나무와 돌 사이에 집 지은 흔적이 있는 듯하였다. 이는 필시 매월공梅月公[142]이 일찍이 머무르면서 경치를 감상했던 곳일 게다. 지금 다시 수운水雲을 청은대淸隱臺라고 고치고 그 사실을 기록하고서 방향을 바꾸어 방화계傍花溪를 찾아가려고 하였지만, 여기에서 흥이 다하여 돌아갔다. 마침 서울에서 오는 가복家僕을 만났는데 서울 소식을 듣고 흥이 깨질 수밖에 없었다.

오후에 명옥뢰鳴玉瀨 가에서 나와 농수정籠水亭의 지세를 두루 보고 물가의 버들과 잡풀을 베어내니 온화하고 맑았다. 여유있게 거닐 때에 와룡담臥龍潭 가로부터 오는 사람이 있었는데 앞으로 와서는 말린 포도 한 꾸러미를 주었다. 이름을 물으니 허성남許成男이라고 하였다. 또 이성급李成及이라는 사람이 벽운계擘雲溪로부터 와서는 해송자海松子를 주었다. 저녁에 촌부村夫 몇 명이 당귀 네 다섯 속을 캐서 주었고, 김사진이 또 밀과와 물고기와 술을 가지고 와 권하였는데 온 정성을 다하고 갔다.

18일. 아침밥을 먹고 출발하여 고개를 넘어 구정龜汀을 지나 소정암小庭巖의 소나무 아래로 옮겨갔다. 낮잠을 잤다. 돌을 베고 조금 잤는데, 지나가는 승려가 있어 어디로 가는지 물으니 승려가 "때때로 백운산白雲山에 거합니다. 바야흐로 화적연禾積淵[143]에서 기우제가 있어서 본 현에서 장막을 칠 것이니, 역사

142) 매월공(梅月公): 김시습(金時習, 1435~1493)이다. 조선 초기의 학자 문인, 생육신의 한 사람이다. 본관은 강릉(江陵), 자는 열경(悅卿), 호는 매월당(梅月堂)·청한자(淸寒子)·동봉(東峰)·벽산청은(碧山淸隱)·췌세옹(贅世翁)이고, 법호는 설잠(雪岑)이다.

143) 화적연(禾積淵): 경기도 포천시 영북면 자일리와 관인면 사정리 경계에 위치한 연못이다. 영평 8경 중 1경으로 임진강 상류에 있다. 마치 볏 짚단을 쌓아 올린 것 같은 형상이어서 화적(禾積)이라는 이름이 붙여지게 되었다. 예로부터 화적연은 기우제터로 알려졌다. 일설에 의하면, 어느 날 한 늙은 농부가 3년 가뭄에 비 한 방울 내리지 않는 하늘을 원망하면서 이 연못가에 앉아 한숨을 쉬면서, "이 많은 물을 두고서 곡식을 말려 죽여야 한다는 말이냐? 하늘도 무심커니와 용도 3년을 두고 낮잠만 자는가보다" 이렇게 탄식하자 물이 왈칵 뒤

하는 승도僧徒이기 때문에 급하게 제사 지내는 곳으로 갑니다"라고 하였다. 가뭄으로 인한 재앙이 매우 심하여 총림 또한 편안하지 못했다. 저녁에 포천의 화현花峴에 투숙하였다.

19일. 동틀 무렵에 출발하여 조반을 같은 현의 지역에서 먹었다. 토원兎院의 숲 속 정자에서 말을 먹이고 저녁에 도성으로 들어갔다.

원문原文

癸丑四月十一日. 出宿石室. 張弁亦隨.

十二日. 早食發行. 中火抱川桑谷. 暮投永平柳谷宿.

十三日. 到龜汀遷溪上. 卸馬坐石. 使張弁擧網得小 魚. 烹之佐飯. 臨發. 逢徐景郁. 自抱川來. 偕行入倒馬峙. 洞口絶壁. 危峯刺天出雲. 雲木四合. 不見天日. 一溪凡十七渡. 溪盡而嶺路危險. 去馬杖策而步. 緣崖棧臨絶壑. 百折千廻. 俯視懍悸. 到中峯少憩. 左右而望. 北有白雲峯. 轉而迤南雄盤. 周匝於前後. 莫得其涯. 略下嶺又有一小峴. 攤飯. 到谷雲精舍. 日未落而聞杜鵑. 是夜月明. 洞天岑寂. 水聲松韻. 雜然不分. 令人萬慮俱空.

十四日. 鄕人數輩來見. 饋以川魚. 出步溪上. 水石佳絶. 此則前所未尋者. 正當精舍之前. 臥龍潭在其下. 上下峯壑. 擧入目前. 創名之曰鳴玉瀨.

十五日. 近處鄕人又有來見者. 有金士進者. 居神女峽下. 年七十. 自言其父母避丁卯之亂. 來此仍居云. 能言峽中故實. 曾遊楓岳萬瀑百川洞. 雖甚奇絶. 泉石之佳. 亦可少遜於此云. 趙晶吉來餉文無. 其長數三尺. 夕又釣水而

집히고 용의 머리가 쑥 나오면서 꼬리를 치며 하늘로 올라가자 그날 밤부터 비가 내려 풍년이 되었다는 것이다. 이때부터 이 지방에 가뭄이 들면 화적연에서 기우제를 지내는 풍습이 생겼다고 한다(『한국지명유래집(중부편)』, 국토지리정보원, 2008).

進魚. 徐也饋以崖蜜豆餅.

十六日. 少徐輩來饋蜜餅. 步出緣澗而北百餘步. 松林間大石盤陀. 水瀉其中. 亦甚淸絶. 名之曰擘雲溪. 其上又有勝處. 鄉人名曰隆義淵.

十七日. 曉聞山雨滴瀝. 朝起宿雲籠山. 稍晚而晴. 有 二村人姓咸者. 各持石蕈餘項魚屛風菜以進. 又金德益者. 饋以石蕈海松子. 食罷. 與徐趙兩人. 歷雪雲溪. 遊神女峽. 溪水分流. 又有一小溪自北而出. 三流之交. 有一小嶼. 有老松五六株. 水漲則與齊俱入. 其下盤石廣闊. 無慮十百間. 縱橫高低. 陡斷或如臺. 深凹或如釜. 小或如鉢盂. 淸流亂瀉. 噴雪凝綠. 或可沿或可渡. 溪北有阜突然而臨. 余曾訪此. 名以水雲臺. 今者鄉人稱此爲梅月臺. 余問其詳. 則鄉俗流傳以此云. 而不知梅月爲何人. 細觀其地. 形勝甲於谷中. 松石間似有營築之跡. 此必梅月公曾所留賞處 也. 今復改水雲爲淸隱臺. 以志其實. 欲轉訪傍花溪. 到此興盡而返. 適逢家僕自京來. 聞洛耗. 未免敗興. 午後. 出鳴玉瀨上. 周覽籠水亭形勢. 斫去渚柳雜卉. 蘊藉淸曠. 逍遙之際. 有人自臥龍潭上而來. 至前進以乾葡萄一包. 問其名則曰許成男也. 又有李成及者自擘雲溪而至. 饋以海松子. 夕. 村漢數輩採獻當歸四五束. 金士進又持蜜果魚酒來勸. 致款而去.

十八日. 早食發行. 踰嶺過龜汀遷到小庭巖松下. 攤飯. 枕石小睡. 有過去僧. 問何向. 僧言時居白雲山. 方有禾積淵禱雨之擧. 本縣當供帳. 役使僧徒. 故渠往 祭所云. 旱災太甚. 叢林亦不寧矣. 夕投抱川花峴宿.

十九日. 平明發行. 朝飯同縣地. 秣馬兎院林亭. 夕入城.

출전: 金壽增, 『谷雲集』 「山中日記」

18

미지산기

彌智山記

허목許穆

해제解題

「미지산기彌智山記」는 조선시대 허목許穆, 1595~1682의 『기언기언』권28에 첫머리에 기록되어 있다. 미지산은 경성 동쪽으로 150리에 위치해 있으며, 지금의 양평에 있다. 미지산의 정상은 가섭봉伽葉峰이고 아래로 묘덕봉妙德峰, 윤필봉潤筆峰이 있다. 허목은 상원사와 용문사의 유적과 그 역사를 소개하고 있다.

국역國譯

미지산彌智山[144]은 경성京城 동쪽으로 150리 되는 곳에 있다. 미지산의 정상은 가섭봉伽葉峰이고, 가섭봉의 북쪽으로 미원迷源의 소설小雪[145]이 있다. 또 그 북쪽은 예전 맥貊 땅이니, 지금의 수춘壽春[146] 화산花山으로 산수가 가장 깊다. 가섭봉 아래에는 묘덕봉妙德峰과 윤필봉潤筆峰이 있으며, 윤필봉 아래에는 죽장봉竹杖峰이 있다. 죽장봉 남쪽으로는 상원사上元寺가 있는데, 예전에 혜장대왕惠莊大王께서 상원사에 행차하시어 역리逆釐도량을 만들고서 그 일을 그림으로 그렸으며, 태학사 항恒으로 하여금 그것을 기록하게 하셨다. 그 아래에는 묘적봉妙寂峰이 있고, 묘적봉 아래에는 고려선제탑비高麗善提塔碑가 있다. 용문사龍門寺는 최대의 사찰이니, 혜장대왕 때에 용문사에 불종佛鐘을 크게 주조해 주고 불사佛事를 매우 엄중하게 하였으며, 불주佛珠 800개를 하사하고 삼보三寶[147]를 보관하

---

144) 미지산(彌智山): 지금의 용문산을 가리킨다. 『신증동국여지승람』양근군 편에 "다른 이름은 미지산(彌智山)인데, 군 동쪽 33리 되는 곳에 있다"라고 하였고, 지평현 편에 "미지산(彌智山)은 현 서쪽 20리 되는 곳에 있는데, 곧 용문산(龍門山)이다"라고 기록되어 있다. 본래 미지산으로 불리었다는데 조선을 개국한 이태조가 등극하면서 '용이 드나드는 산'이라는 뜻의 용문산으로 바꿔 부르게 되었다는 유래가 전해진다.

145) 미원(迷源)의 소설(小雪): 미원은 현재의 경기도 양주 지역이다. 소설은 양주에 있는 소설산을 가리키는 듯하다.

146) 수춘(壽春) 화산(花山): 수춘은 현재의 춘천 지역이다.

147) 삼보(三寶): 불교도의 세 가지 근본 귀의처가 되는 불보(佛寶)·법보(法寶)·승보(僧寶)를 가리킨다.

였다. 용문사 아래에는 용문은자사龍門隱者祠가 있다.

원문原文

彌智山京城東百五十里. 彌智絶頂伽葉. 伽葉北迷源，小雪. 又其北. 古貊
地. 今壽春花山. 山水最深. 迦葉下妙德，潤筆. 潤筆下竹杖. 竹杖南上元.
古時惠莊大王幸上元. 作逆鼇道場. 仍圖畫其事. 令大學士恒識之. 其下妙
寂. 妙寂下有高麗善提塔碑. 龍門最大伽藍. 惠莊時. 大鑄佛鐘於龍門. 佛事
甚嚴. 賜佛珠百八. 藏三寶. 龍門下. 有龍門隱者祠.

출전: 許穆, 『記言』「彌智山記」

19

덕수유산기

德水遊山記

김안로金安老

김안로(金安老): 1481(성종 12)~1537(중종 32). 조선 중기의 문신. 본관은 연안(延安). 자는 이숙(頤叔), 호는 희락당(希樂堂)·용천(龍泉)·퇴재(退齋). 할아버지는 군수 우신(友臣)이고, 아버지는 참의 흔(訢)이며, 어머니는 윤지(尹墀)의 딸이다. 1519년 기묘사화로 조광조(趙光祖) 일파가 몰락한 뒤 발탁되어 이조판서에 올랐다. 아들 희(禧)가 효혜공주(孝惠公主)와 혼인해 중종의 부마(駙馬)가 되자, 이를 계기로 권력을 남용하다가 1524년 영의정 남곤(南袞)·심정(沈貞), 대사간 이항 등의 탄핵을 받고 경기도 풍덕(豊德)에 유배되었다. 남곤이 죽자 1530년 유배 중이면서도 대사헌 김근사(金謹思)와 대사간 권예(權輗)를 움직여 심정의 탄핵에 성공하고, 이듬에 다시 서용되어 대제학·이조판서를 거쳐 좌의정에 올랐다. 그는 1531년 다시 임용된 이후부터 동궁(東宮: 인종)의 보호를 구실로 실권을 장악해 허항(許沆)·채무택(蔡無擇)·황사우(黃士佑) 등과 함께 정적(政敵)이나 뜻에 맞지 않는 자를 축출하는 옥사(獄事)를 여러 차례 일으켰다. 1537년 중종의 제2계비인 문정왕후(文定王后)의 폐위를 기도하다가 발각되어 중종의 밀령을 받은 윤안인(尹安仁)과 대사헌 양연(梁淵)에 의해 체포되어 유배되었다가 곧이어 사사되었다. 허항·채무택과 함께 정유삼흉(丁酉三凶)으로 일컬어진다. 저서로는 『용천담적기(龍泉談寂記)』·『희락당고(希樂堂稿)』등이 있다.

해제解題

「덕수유산기德水遊山記」는 조선 중기의 문신 김안로의 시문집 『희락당고希樂堂稿』 권5에 수록된 기문이다. 부로父老들과 함께 덕수德水의 산을 올랐는데, 마침 단오인데도 불구하고 날이 상쾌하여 하늘이 돕는 듯 산을 올랐다. 두 수도의 산이 마치 용이 꿈틀대고 봉황이 나는 것처럼 모여 있었고, 낙수 한수에 임한 여울물이 비단처럼 종횡으로 흘러 천지의 높고 원대함이 절로 깨달아 지는듯 하다고 서술했다. 산을 조망하는 중 바람이 불어와 시야가 트이고 만물의 형상이 맑아졌으나, 갑자기 비를 만나 반나절 만에 변화가 지극하였다. 산을 급히 오르고 변화를 만나 산을 황급히 내려오면서 고원함이 위태로움의 시작이며 유쾌함은 곤욕의 실마리라는 것을 깨달았다. 그리하여 세상에 고원함을 편히 여기고 유쾌함을 즐기며 경계를 모르는 자들에게 당부하는 의미로 이 글을 남겼다.

국역國譯

덕수德水[148]의 산은 대체로 땔감을 베어 가서 민둥산이 되었고 물은 대체로 조수潮水로 인해 탁하다. 산에 올라 바라보면 심원深遠하고 청한淸閑한 운치가 부족하여 삼 년간 답답하게 막혀 있어 맑게 담론하려는 뜻을 펼친 이가 한 명도 없었다. 그리하여 석간石澗에서의 유주柳州[149]와 무창武昌에서의 황주黃州[150]

---

148) 덕수(德水): 황해도 개풍 지역의 옛 지명이다.

149) 석간(石澗)에서의 유주(柳州): 유주(柳州)는 유종원(柳宗元)을 가리킨다. 유종원이 영주사마(永州司馬)로 좌천된 후, 몇 년간 영주의 여덟 군데 빼어난 자연경관을 유람하고 「영주팔기(永州八記)」라는 기문을 지었다. 영주 팔경(八景)에는 서산(西山), 고무담(鈷鉧潭), 고무담 서쪽의 작은 언덕(鈷鉧潭西小丘), 소석담(小石潭), 소석성산(小石城山), 원가갈(袁家渴), 석거(石渠), 석간(石澗) 등이 포함된다.

150) 무창(武昌)에서의 황주(黃州): 황주(黃州)는 소식(蘇軾)을 가리킨다. 소식은 해주(海州)·혜주(惠州)·황주(黃州) 등 변방 지역에 유배되어 지내면서 많은 시문을 지었다. 특히 무창(武昌)에서 5년 동안 머무르면서 「적

가 의기양양하고 느긋하게 시를 읊조리며 소요함에, 평생 곤경을 겪으면서 불평스러웠던 마음이 더욱 기굴奇崛해져서 말로 풀어내어 우주를 시끄럽게 한 것을 항상 생각하였으니, 이에 하늘이 이 기기묘묘한 경관을 사람이 없는 황량한 시골에 펼쳐둔 것에 반드시 이유가 있다는 것을 알았다. 그렇다면 이 지방의 산수는 진실로 하늘이 훌륭한 사람을 기다린 것이 아니요, 나처럼 고지식한 병통이 있는 자가 살기에 마땅하다.

거처하는 곳의 서쪽에 산이 우뚝 솟아 있는데, 한 번 바라보니 명료하여 소나무, 상수리나무의 무성한 그늘이 들어오지 못하였으니, 애당초 기이하게 여기지 않았다. 그런데 아침저녁으로 마주함에 비 올 기미를 드러내고 비구름을 토해내니 작은 언덕으로 여길 수 없었다. 그리하여 부로父老들에게 고하길 그 산허리까지 말을 타고 가고 언덕에서 지팡이를 짚고 갈 만하다고 하였다. 중오절重五節이 되었는데 날은 서늘하고 기운은 상쾌하여 마치 나의 유람을 도와주는 듯하였다. 유람을 따라온 부로들이 앞서거니 뒤서거니 하면서 힘겹게 기어 올라 물고기를 꼬챙이에 꿴 것처럼 줄지어 올라갔다. 그리하여 가깝게는 큰 강이 교차하며 흐르는 두 수도의 산이 용이 꿈틀대고 봉황이 훨훨 나는 것처럼 앞다투어 달려와 모여 있었고, 멀게는 바다까지 이어진 버드나무의 경관이 물고기 비늘처럼 조밀하고 주름치마처럼 겹겹이 쌓여있었는데 나타났다 없어졌다 하며 어렴풋하였다. 또 작게는 낙수·한수에 임해 있는 여울물이 비단결처럼 그 사이를 종횡으로 흐르고, 크게는 연평延平 서쪽으로 아득히 흘러 그 끝을 알 수가 없었다. 이런 후에야 천지의 높고 깊음과 광대함을 알았으며, 노나라를 작게 여기고 천하를 작게 여긴 뜻[151]을 상상해볼 수 있었다. 이에 술잔을 들어 부로들에게 권하며 어수선한 속세를 벗어나 맑은 공기를 모는 것의 유쾌

벽부(赤壁賦)라는 명작을 남겼다.

151) 노나라 …… 뜻 『맹자(孟子)』「진심상(盡心上)」에서 맹자(孟子)가 이르기를, "공자가 동산에 올라서는 노나라를 작게 여겼고, 태산에 올라서는 천하를 작게 여겼다(孔子登東山而小魯, 登泰山而小天下)"라고 하였다.

함을 함께 즐겼다. 그러나 형용할 수 없는 것은 나만 홀로 알고 있으니, 그 즐거움을 함께하고자 하였지만 함께 할 수 없는 부분이 있다.

　조망하는 것이 아직 끝나지 않았는데 거센 회오리바람이 음산하게 남쪽으로 불어왔다. 강산을 굽어보니 있는 듯도 하고 없는 듯도 하여 경치가 발아래에서 변멸變滅하였다. 거센 바람은 바다를 가르고 붉은 해가 노을을 씻어내서, 확연하게 탁 트여 만물의 형상이 맑게 늘어섰다. 그런데 잠시 뒤에 구름이 자욱하게 끼어 사방이 합해지고 눈 깜빡일 새도 없이 천지가 모두 어두워졌다. 빗발이 내리쳐 서서히 공활해지고 어두컴컴하게 변하여 모든 경관이 다 없어졌으니 마치 혼돈을 굽어봄에 환한 빛이 나오는 것 같았고, 또 참으로 구름의 기운이 높은 곳에 있지 않았다. 추운 기운과 갑작스러운 비로 더욱더 벌벌 떨렸으니, 산에 있는 사람은 모두 솜옷을 입었으며 혹은 깔개를 뒤집어써서 따뜻하게 하기도 하고 속은 도롱이를 둘러서 습기를 막기도 하였다. 하인 중 덮개가 없는 자들은 모두 이를 벌벌 떨면서 술잔을 몇 차례 돌렸다. 부로 중 하늘에 원망하는 자가 말하길, "비가 유람을 다 하지 못하게 하는구나"라고 하였다. 이에 내가 그 기분을 풀어주면서 이렇게 말하였다. "이미 날이 갰다가 구름이 끼고 구름이 끼자 또 비가 내렸으니, 반나절 동안에 변화가 지극하였다. 하늘이 오늘 베풀어 준 것이 이미 완전하지 않은가?"

　그러나 비가 그치지 않아 오래 머물 수 없었으므로 지름길로 험준한 암벽을 끼고서 내려왔다. 바위에 긴 이끼가 미끄러워서 발꿈치를 들고 벌벌 떨면서 덩굴을 붙잡고 돌부리를 밟고 갔으니 손발에 모두 굳은살이 박였다. 몇 리를 가자 다리가 욱신거려 한 치 한 치 기어가며 평지에 이르렀는데 며칠간 걸을 수 없을 것 같았으니, 나는 이로써 내 몸이 종전에 높이 있었다는 것을 더욱 알았다. 아! 유주와 황주가 심원하고 청한한 운치는 진실로 가졌지만, 어찌 오늘과 같은 고원함과 유쾌함을 한 번이라도 얻을 수 있었겠는가? 그렇다면 덕수의 산수를 얕잡아 보아서는 안 되고, 또 하늘이 훌륭한 사람을 기다리지 않는 것이라고 할 수도 없다. 비록 그렇지만 심원하고 청한한 데에 그쳤다. 험준하고 가파르기 때문에 돌아다니며 노닌 것은 아니지만, 위험한 곳을 밟고서 손가락을 깨무는 후회가 있다는 것은 듣지 못하였다. 그리하여 나는 너무나 높이 가서 이처럼 곤란을 겪었으니, 이에 고원함은 위태로움의 시작이고 유쾌함은 곤욕의 실마리이니, 지극히 고원하고 지극히 유쾌해 하면서 제대로 보전하지 못하는 것이 도리어 평이하고 낮은 구릉에서 넘어지지 않는 것만 못하다는 것을 알았다. 나는 여기에서 세상을 살아나 갈 방도를 깨달았다. 이는 기록하지 않을 수 없으니, 이로써 세상에 고원함을 편하게 여기고 유쾌함을 즐기면서 경계할 줄 모르는 자들에게 남긴다.

원문原文

德水之山. 大抵赭於樵. 水大抵濁於潮. 登眺. 乏幽奧蕭爽之致. 三歲鬱鬱. 一無以展淸討之志. 常念柳州之於石澗. 黃州之於武昌. 施施漫漫. 嘯吟徜徉. 平生落拓. 磊隗不平之胸. 益崛以奇. 泄之詞而喧之宇宙. 乃知天設玆詭怪於荒僻無人之鄕. 必有以夫. 然則玆邦山水. 固非天所以待夫人也. 宜余戀病者之投也. 營居之西. 有山巍然. 而一望了了. 無松櫟蓊鬱之蔭以邃. 初不之異焉. 朝夕乎相對. 以其出雨氣而吐雲霏. 不可視之以部妻. 詻之父老. 則可馬其腰而杖其冡. 重午旣日. 天陰氣爽. 若將相吾遊. 父老之從於游者. 爲之後先. 斜躋竦攀. 魚貫而登. 近而喬江通交金富坡湍兩京之山. 龍蛇鳳騫. 競鶩爭攢. 遠而延海楊積之望. 鱗蹙襞疊. 出沒依稀. 小而臨洛漢祖昇瀾之水. 練布繡錯. 經緯乎其間. 大而延平以西. 淼焉茫焉. 不知其所極. 然後有

以知天地之崇深廣大. 而小魯小天下之志. 從可想矣. 於是. 舉酒屬父老. 相與樂其出氛埃御灝氣之爲可快. 而其不可以形容得者則獨自識之. 蓋欲同其樂. 而有不能同之者也. 眺望未旣. 橫飆曖曖而南. 俯窺江巒. 若有若無. 變滅乎腳下. 迅風刮海. 赤日盪霞. 劃然呈豁. 萬象澄森. 須臾雲氣蓬渤. 四面而合. 目未及瞬. 六合同冥. 雨足白立. 靡靡度空曠. 下臨溟濛. 萬境俱失. 如俯混沌而出宣朗. 又信雲氣之不在高也. 寒氣襲雨. 益慘以慄. 在山者皆挾綿. 或背薦席以取溫. 或擁襏襫以禦濕. 下人失蓋者. 皆齒戰急. 行觴數遍. 而父老之致恨於天者曰. 雨不竟其賞. 余乃解之曰. 旣晴而雲. 雲而又雨. 半日之頃. 爲變盡矣. 天公今日之餉. 不旣全乎. 然而雨不已. 不可久居. 徑負峭壁而下. 石蘚霑滑. 舉踵神悸. 捫叢蔓. 跋石鋒. 手足俱趼. 數里之後. 脚脛酸澁. 匍匐寸寸至平地. 猶數日不能步. 余以此益知吾身向者之高也. 噫. 柳州也黃州也. 若幽奧蕭爽之致則誠有之矣. 安得一目無礙如今日之高且快哉. 若然. 未可以少德水之山水. 而又不可謂天之不待夫人也. 雖然. 幽奧蕭爽而止焉. 非所以窮峭險陂. 盤旋嬉遊. 未聞有蹈危咋指之悔. 余特以甚高. 取困如是. 乃知高者危之始. 快者辱之端. 至高至快之不可常保. 而反不如夷丘下壤之不顚躓也. 吾於是. 又得涉世之術焉. 茲不可不記. 以遺夫世之安高樂快. 而不知戒者.

출전: 金安老, 『希樂堂集』 「德水遊山記」

149

20

등연적봉기

登硯滴峯記

채제공蔡濟恭

해제解題

「등연적봉기登硯滴峯記」는 채제공의 『번암집樊巖集』 권35에 기록된 기문으로, 연적봉 근처 부모님의 묘소를 둘러보고 선묘 보호의 중요성을 기록한 글이다. 자신이 거처하는 불매헌不寐軒의 남쪽에 봉우리가 하나 있으니, 경치가 단정하고 빼어나 직접 연적봉으로 이름을 지었다. 특히나 남쪽은 부모님의 묘소가 있는 곳인데 사람들을 데리고 묘소를 들렀더니 가는 길에 소나무가 무성했다. 1762년에 모친이 돌아가셨을 때 벌거숭이였던 선산에 지극정성으로 소나무를 심었는데 20년 만에 울창한 숲이 된 것이다. 채제공은 『시경』에 "선산의 뽕나무와 가래나무도 반드시 공경한다"는 글귀를 인용하여 자자손손 선묘를 보호함을 중단치 말 것을 후세에 당부했다.

국역國譯

곧바로 불매헌不寐軒[152] 남쪽으로 가다 보면 봉우리가 있으니 위는 뾰족하고 아래는 퍼져있어서 단아하고 신묘하며, 단정하고 빼어나니 그 위치가 실로 우리 부모님 묘소의 남쪽이다. 내가 그 봉우리를 매우 좋아하여 그 형상 중에 비슷한 것을 취하여 이름을 '연적봉硯滴峯'이라고 하였다.

금년 가을에 내가 불매헌에서 머물다가 한가한 날 몇 사람을 데리고 묘소를 따라 왼편으로 깊은 그늘을 드리우고 어지럽게 자란 소나무를 뚫고 두세 번 쉬고서야 비로소 정상에 자리를 잡을 수 있었는데 동부洞府[153] 산세가 분명

---

152) 불매헌(不寐軒): 채제공의 집. 기문을 지은 정범조의 풀이에 따르면 불매헌은 부모를 잊지 못한다는 뜻을 취한 것이다.
153) 동부(洞府): 신선이 사는 곳, 혹은 신선이 산다는 동굴을 말한다.

하여 마치 손바닥을 가리키는 듯하였다. 죽주부竹州府154)의 남산은 웅장하고 걸출하여 남쪽으로부터 동쪽으로 마치 내달리는 듯하다가 이곳에 이르러 점점 고운 상투 모양이 드러난다. 연적봉에 이르러서는 산세가 비로소 다하여 봉우리 어깨 부분의 조금 오른쪽에서 비스듬히 한 능선이 북쪽으로 뻗어있다. 아래로는 한 후장帳場155)쯤이 조금 함몰되고 묘소를 두르고 있으니 처음 뇌腦156)를 맺었고, 뇌가 또 바뀌어 서쪽으로 열 걸음쯤에 겸혈鉗穴과 경좌갑향庚坐甲向 형세가157) 있으니 이곳이 바로 우리 부모님의 의리衣履를 봉한 곳이다.

바야흐로 뇌가 처음 맺은 곳에 남은 것으로 우포右布를 가르니 비록 매우 높고 험준하지는 않지만 간간이 사砂158)가 안쪽을 향해 마치 사람이 넓적다리를 편 것과 같은 것이 5~6이 될 뿐만이 아니었다. 1리쯤 가서 대천大川을 만나고 나서야 그치니 묘정墓庭159)으로부터 보면 구불구불한 것이 띠처럼 앞을 가로질러서 전에 말했던 우고右股와 더불어 그 거리가 비록 조금 넓지만 그 형세가 마치 나란히 걸어가는 듯하고 또한 물을 만나고 나서야 멈춰서 그 안을 동부洞府로 삼았으니 풍수가들이 말하는 옥대사玉帶砂160)이다. 옥대사 밖에 큰 들판이 있고 들판 밖에 여러 산이 손을 잡고 서 있듯이 나란히 서 있다. 그리고 산의 조금 낮은 곳을 따라서 다른 봉우리들이 몸을 숨기고 있는데 다만 그 얼굴을 드러내고 있어 숨은 모습이 마치 부채를 편 듯하였는데 그 이름이 보산寶山이

---

154) 죽주부(竹州府): 경기도 안성의 옛 지명이다.
155) 후장(帳場): 마장(馬丈)=리(里)
156) 뇌(腦): 풍수지리에서, 땅의 정기가 모여 묏자리나 집터가 이루어진 곳에서 조금 높은 곳. 용의 얼굴 부분에 해당한다.
157) 겸혈(鉗穴)과 …… 있으니: 겸혈(鉗穴)은 두 다리 또는 손가락 두 개를 벌린 모양을 갖춘 곳을 말한다. 경좌갑향(庚坐甲向)은 묏자리나 집터가 경방(庚方)을 등지고 갑방(甲方)을 바라보고 앉은 자리. 서남쪽을 등지고 동북쪽을 바라보는 자리이다.
158) 사(砂): 양쪽으로 뻗은 좌청룡(左靑龍)과 우백호(右白虎)가 옆이나 전면이 불룩한 형세를 이룬 것을 말한다. 길지(吉地)이다.
159) 묘정(墓庭): 무덤 앞의 뜰을 말한다.
160) 옥대사(玉帶砂): 맑고 정결한 산으로 높고 곧게 솟은 산이나 또는 갑자기 솟은 산을 목형산(木形山)이라 하는데, 이 목형산이 옆으로 누워 둥근 고리처럼 생긴 산을 말한다.

니 실로 묘의 안대(案對)[161]이다. 그러나 옥대사가 앞을 가로막아서 들의 형체가 보이지 않고 산은 아랫부분이 보이지 않으니 오직 죽주읍 치소의 수백호가 정북 쪽 비봉(飛鳳)의 터를 차지하고 있다. 나뭇잎이 무성하면 숨겨지나 떨어지면 분별할 수 있으니 이곳이 우리 부모님 산소의 대략적인 위치이다.

생각건대, 예전에 임오(壬午)년에 봉축(封築)할 때[162]에 사방의 산이 모두 벌거숭이여서 한그루의 싹도 보이지 않아서 내가 사방으로 소나무 씨앗을 모으기를 마치 목마른 자가 물을 구하듯이 하여 향부자 뿌리를 베고 손수 스스로 파종하고 북돋아 주기를 몇 년 동안 쉬지 않았다. 처음 자라났을 때는 혹 바늘 같고 혹 모 같기도 하였으나 내가 그것을 기특히 여기고 사랑해서 웃는 얼굴로 어루만져 마치 갓난아이 보호하듯 하였다. 20년이 지난 지금 길이는 구름에 닿고 둘레는 서까래보다 두꺼우며 푸른 줄기 비취색 잎은 울창함을 감당하지 못하여 엄연히 오래되고 큰 형상이 있으니 나의 손때를 따라 이루어지지 않는 것이 없었다.

아! 천하의 일은 하지 않음을 근심할 뿐이지, 한다면 어찌 뜻을 따르지 않는 이치가 있겠는가. 다만 생각건대, 사물이 이루어지고 손상되는 것은 마치 아침에 낮이 오는 것과 같아서 비록 이 소나무로서 말한다 하더라도 혹은 벌레 때문에 상하고 혹은 썩어서 저절로 넘어지고 혹은 도끼로 잘라서 훔쳐가니 몇 세대의 뒤에 어찌 흥망성쇠가 서로 이어지지 않을 줄을 알겠는가. 이것은 후손의 성실함과 불성실함이 어떠한지에 달려있을 뿐이다. 파종하고 또 파종하며 심고 또 심되 만약 나의 마음으로 마음을 삼는다면 땔나무로 불을 땜에 불이 꺼지지 않을 것이다. 지금 세속의 속담에 인가의 불초한 후손을 가지고 벌레 먹은 소나무라고 지목하니 이것은 선산(先山)의 나무를 베어다 파는 것을 말

---

161) 안대(案對): 풍수지리에서, 묏자리나 집터의 맞은편에 있는 산을 이르는 말이다.
162) 임오(壬午)년에 봉축(封築)할 때: 채제공의 모친이 임오년(1762, 43세)에 돌아가셨다.

하는 것이니 그 나무를 해치는 것이 벌레 먹은 것과 유사한 것이다. 후손이 되어서 비록 입신양명하여 선조를 무궁한 데에까지 드러나게 하지는 못하더라도 사람으로서 벌레와 귀결을 같이 해서야 되겠는가? 『시경』에 말하길 "선산의 뽕나무와 가래나무도 반드시 공경한다"[163] 했으니 내가 백대의 후손들을 위하여 이것을 말하노라. 소나무도 오히려 이와 같은데 하물며 묘전墓田은 선묘先墓의 증烝제사와 상嘗제사에[164] 필요하고, 묘복墓僕은 선묘를 수호하는데 갖추어야 함에 있어서랴. 보중하고 온전히 해야 하는 이유를 소나무에 비유했으니 더욱 어떻겠는가. 『시경』에 말하길 "자자손손이 중단하지 않고 길이 이어가리"[165]라 하였으니 또 백대의 후손을 위하여 외우노라.

　　갑진년1784 추석 후 3일 노부 번암은 불매헌에서 쓰노라. 같이 노닌 자들은 동지同知 양국창, 동지同知 김명호, 서자 홍근, 청지기 김상겸이다.

원문原文

直不寐軒之南有峯. 上尖下敷. 端妙靚秀. 其位實先墓之丙. 余愛之甚. 取其形似者. 錫名曰硯滴峯云. 今年秋. 余宿留不寐軒. 暇日從數子者. 循墓左穿亂松邃樾再三歇. 始得席其頂. 洞府體勢了了如指諸掌矣. 蓋竹府南山. 雄皴峻拔. 自南而東. 若奔騰然. 至是點點出妍鬌狀. 及爲硯滴峯. 山之勢始究竟焉. 自峯肩稍右. 迤有一脉落而北走. 下一帳場. 乍陷旋墳始結腦. 腦又翻而西可十擧武. 有鉗穴坐甲者. 卽我考妣衣履所奉也. 方腦之始結. 以剩支右布. 雖不甚高峻. 間以砂向內. 若人之舒股者不啻爲五六. 走一里許. 逆大

163) 선산의 …… 공경한다: 『시경(詩經)』「소아(小雅) 소반(小弁)에 보인다.
164) 증(烝)제사와 상(嘗)제사에: 증(烝)은 겨울제사, 상(嘗)은 가을제사를 말한다.
165) 자자손손이 …… 이어가리: 『시경(詩經)』「초자(楚茨)에 보인다.

川而止．自墓庭而瞰．有蜿蜒者前橫若紳．與前所稱右股者．其距雖稍闊．勢若耦行．亦遇水而止．而以其內爲洞府．術家所稱玉帶砂也．砂外有大野．野外有諸山拱立．而從山之少低處．別峯藏其身．只呈露其面．隱約如鋪扇．其名寶山．實墓之案對也．然以帶砂遮前．野不見形．山不見根．惟竹州邑治數百戶占正北飛鳳之趾．木葉茂則隱脫則辨．此吾先墓位置之槩也．念昔壬午封築之時．四山皆赭．未見有一木之萌蘖者．余四鳩松子．如渴求飮．刺莎根手自播覆．連年不息．其始生也．或如針或如秧．余奇愛之．色笑手摩．保之如嬰兒．今至二十年．其長拂雲．其大過橡．蒼幹翠葉．不勝其薈鬱．儼已有老大之形．蓋無不從吾手澤而成者．嗚呼．天下事患不爲耳．爲之寧有不可從志之理也．但念物之有成毀．猶朝之有晝．雖以是松言之．或蟲以損．或朽以神．或斧以竊．數世之後．安知不盛衰相仍．則此在後孫之誠與不誠如何耳．播之又播．植之又植．若能以吾心爲心．則以薪繼火．火窮者未之有也．今夫閭巷之諺．以人家不肖孫．目以松蟲．此謂伐賣丘木．其戕松有似乎蟲也．爲人子孫．雖不能立身揚名．以顯其祖先於無窮．可以人而同歸於蟲乎．詩曰．維桑與梓．必恭敬止．吾爲百世雲仍而誦之．松猶如此．況墓田．先墓烝嘗之須也．墓僕．先墓守護之具也．其所以寶重而全安之者．譬之松．尤當如何也．詩曰．子子孫孫勿替引之．又爲百世雲仍而誦之．甲辰秋夕後三日．樊巖老夫書于不寐軒中．從遊數子者．梁同知國昌，金同知命皥，庶男弘謹，傔人金相謙．

출전: 蔡濟恭,『樊巖集』「登硯滴峯記」

경기도 유산기 목록(117편)

구분	저자	작품명	출전	간년
1	이정구(李廷龜) 1564~1635	遊三角山記	月沙先生集 (卷之三十八, 記)	1688년
2	오재정(吳再挺) 1641~1709	遊三角山錄	寒泉堂遺稿 (卷二)	1906년
3	이익(李瀷) 1681~1763	遊三角山記	星湖先生全集 (卷之五十三, 記)	1922년
4	김상헌(金尙憲) 1570~1652	遊西山記	清陰先生集 (卷之三十八, 記)	1654년
5	이익(李瀷) 1681~1763	遊北漢記	星湖先生全集 (卷之五十三, 記)	1922년
6	송상기(宋相琦) 1657~1723	遊北漢記	玉吾齋集 (卷之十三, 記)	1760년
7	신기선(申箕善) 1851~1909	遊北漢記	陽園遺集 (卷十, 記)	미상
8	신명현(申命顯) 1776~1820	遊北漢記	萍湖遺稿	미상
9	유광천(柳匡天) 1732~1799	遊三角山記	歸樂窩集	1935년
10	안창재(安昌載) 생몰년 미상	登北漢山城	竹軒詩稿	1979년
11	이정구(李廷龜) 1564~1635	遊道峯書院記	月沙先生集 (卷之三十八, 記)	1688년
12	신명현(申命顯) 1776~1820	遊道峯記	萍湖遺稿	미상
13	홍직필(洪直弼) 1776~1852	遊道峯記	梅山先生文集 (卷之二十八, 記)	1866년
14	박문호(朴文鎬) 1846~1918	遊白雲臺記 壬午	壺山集 (卷之三十, 記)	1922년
15	안창재(安昌載) 생몰년 미상	三角山牛耳洞記	竹軒詩稿	1979년

16	이익(李瀷) 1681~1763	遊冠岳山記	星湖先生全集 (卷之五十三, 記)	1922년
17	채제공(蔡濟恭) 1720~1799	遊冠岳山記	樊巖先生集 (卷之三十五, 記)	1824년
18	홍직필(洪直弼) 1776~1852	遊三嶽記 壬子	梅山先生文集 (卷之二十九, 記)	1866년
19	박문호(朴文鎬) 1846~1918	遊冠岳山記	壺山集 (卷之三十, 記)	1922년
20	박문호(朴文鎬) 1846~1918	山行小記	壺山集 (卷之三十, 記)	1922년
21	김수민(金壽民) 1734~1811	南山記	明隱集	미상
22	양회갑(梁會甲) 1884~1961	遊漢城記	正齋集	1965년
23	이보(李簠) 1629~1710	漢江泛舟錄	景玉先生遺集 (卷之三, 記)	1925년
24	이건(李健) 1614~1662	陪仁興君叔父. 遊江漢記.	葵窓遺稿 (卷之十一, 記)	1896년
25	김도련(金都鍊) 생몰년 미상	遊津寬寺記	靑嵐詩文選	미상
26	남유용(南有容) 1698~1773	遊西湖記	雷淵集 (卷之十三, 記)	1783년
27	변종운(卞鍾運) 1790~1866	西湖泛舟記	歗齋文鈔 (卷之一, 記)	1890년
28	홍석주(洪奭周) 1774~1842	江行小記	淵泉先生文集 (卷之十九, 記)	미상
29	박윤묵(朴允默) 1771~1849	遊水聲洞記	存齋集 (卷之二十三, 記)	철종 연간 필사
30	육용정(陸用鼎) 1843~1917	桂山小澗記	宜田記述	1912년
31	김윤식(金允植) 1835~1922	鏡潭記 乙卯	雲養集 (卷之十, 記)	1930년
32	이정구(李廷龜) 1564~1635	遊曹溪記	月沙先生集 (卷之三十八, 記)	1688년
33	이경전(李慶全) 1567~1644	露湖乘雪馬記	石樓遺稿文集 (卷之一, 記)	1659년

34	채제공(蔡濟恭) 1720~1799	曹園記	樊巖先生集 (卷之三十五, 記)	1824년
35	채제공(蔡濟恭) 1720~1799	重遊曹園記	樊巖先生集 (卷之三十五, 記)	1824년
36	채제공(蔡濟恭) 1720~1799	遊吳園記	樊巖先生集 (卷之三十五, 記)	1824년
37	채제공(蔡濟恭) 1720~1799	遊李園記	樊巖先生集 (卷之三十五, 記)	1824년
38	채제공(蔡濟恭) 1720~1799	遊北渚洞記	樊巖先生集 (卷之三十五, 記)	1824년
39	채제공(蔡濟恭) 1720~1799	明德洞記	樊巖先生集 (卷之三十五, 記)	1824년
40	김매순(金邁淳) 1776~1840	登東臺記	臺山集 (卷七, 記)	1879년
41	홍양호(洪良浩) 1724~1802	遊耳溪記	耳溪集 (卷十三, 記)	1843년
42	정약용(丁若鏞) 1762~1836	游洗劍亭記	與猶堂全書 (第一集詩文集第十四卷 ○文集, 記)	1934~ 1938년
43	정약용(丁若鏞) 1762~1836	月波亭夜游記	與猶堂全書 (第一集詩文集第十三卷 ○文集, 記)	1934~ 1938년
44	한장석(韓章錫) 1832~1894	游淸潭記	眉山先生文集 (卷之八, 記)	1934년
45	민주현(閔冑顯) 1808~1882	遊雙檜亭記	沙厓文集	1933년
46	김이안(金履安) 1722~1791	上元踏橋記	三山齋集 (卷之八, 記)	1854년
47	박윤묵(朴允默) 1771~1849	遊金仙菴記	存齋集 (卷之二十三, 記)	철종 연간 필사
48	박윤묵(朴允默) 1771~1849	遊金仙菴記	存齋集 (卷之二十三, 記)	철종 연간 필사
49	이경전(李慶全) 1567~1644	金巴江露湖舡遊記跋	石樓遺稿文集 (卷之一, 跋)	1659년

50	이희조(李喜朝) 1655~1724	遊水落山記	芝村先生文集 (卷之十九, 記)	1754년
51	김이안(金履安) 1722~1791	記游	三山齋集 (卷之八, 記)	1854년
52	오희상(吳熙常) 1763~1833	遊水落小記	老洲集 (卷之十五, 記)	1892년
53	홍직필(洪直弼) 1776~1852	遊水落山記	梅山先生文集 (卷之二十八, 記)	1866년
54	한장석(韓章錫) 1832~1894	遊水落山記	眉山先生文集 (卷之八, 記)	1934년
55	김진항(金鎭恒) 생몰년 미상	遊水落山記	檾山全集 (卷之上, 記)	미상
56	김이안(金履安) 1722~1791	門巖游記	三山齋集 (卷之八, 記)	1854년
57	조찬한(趙纘韓) 1572~1631	遊天磨,聖居, 兩山記	玄洲集 (卷之十五, 記)	1710년
58	이익(李瀷) 1681~1763	遊天磨山記	星湖先生全集 (卷之五十三, 記)	1922년
59	허목(許穆) 1595~1682	聖居, 天摩古事	記言 (卷之二十七 下篇, 山川)	1692년
60	조언식(趙彦植) 생몰년 미상	旺方山記	蓀居集	미상
61	성대중(成大中) 1732~1809	雲岳遊獵記	青城集 (卷之六, 記)	1840년
62	허목(許穆) 1595~1682	紺嶽山	記言 (卷之二十七 下篇, 山川)	1692년
63	허목(許穆) 1595~1682	青鶴洞九龍淵記	記言 (卷之二十八 下篇, 山川)	1692년
64	허목(許穆) 1595~1682	遊雲溪記	記言 (別集卷之九, 記)	1692년
65	허목(許穆) 1595~1682	仰巖	記言 (卷之二十七 下篇, 山川)	1692년
66	안창재(安昌載) 생몰년 미상	登逍遙山日記	竹軒詩稿	미상

67	허목(許穆) 1595~1682	逍遙山記	記言別集 (卷之九, 記)	1692년
68	허목(許穆) 1595~1682	白雲山	記言 (卷之二十七 下篇, 山川)	1692년
69	허목(許穆) 1595~1682	白鷺洲記	記言 (卷之二十七 下篇, 山川)	1692년
70	허목(許穆) 1595~1682	遊三釜落序	記言 (卷之二十七 下篇, 山川)	1692년
71	허목(許穆) 1595~1682	白雲溪記	記言 (卷之二十七 下篇, 山川)	1692년
72	허목(許穆) 1595~1682	禾積淵記	記言 (卷之二十七 下篇, 山川)	1692년
73	허목(許穆) 1595~1682	澄波渡	記言 (卷之二十七 下篇, 山川)	1692년
74	허목(許穆) 1595~1682	贈鄭君山水指路記	記言別集 (卷之九, 記)	1692년
75	김수증(金壽增) 1624~1701	山中日記	谷雲集 (卷之三, 記)	1711년
76	황신구(黃信龜) 1633~1685	艮谷盤石記	雲溪集	미상
77	남유용(南有容) 1698~1773	遊洞陰華嶽記	雷淵集 (卷之十四, 記)	1783년
78	서명응(徐命膺) 1716~1787	東遊山水記	保晩齋 (集卷第八, 記)	1838년
79	서응순(徐應淳) 1824~1880	三游觀記	絅堂集 下 (卷之三, 記)	미상
80	조언식(趙彦植) 생몰년 미상	白雲山記	蓀居集	미상
81	김매순(金邁淳) 1776~1840	游宜寧相亭址記	臺山集 (卷七, 記)	1879년
82	강백년(姜栢年) 1603~1681	驪江記行	雪峯遺稿 (卷之二十三, 記)	1690년
83	신방(申昉) 1686~1736	驪遊記	屯菴集	미상

84	박종(朴琮) 생몰년 미상	渼湖初遊錄	鐺洲集	1931년
85	박종(朴琮) 생몰년 미상	渼湖再遊錄	鐺洲集	1931년
86	박종(朴琮) 생몰년 미상	渼湖三遊錄	鐺洲集	1931년
87	신방(申昉) 1686~1736	記牛峽夜遊	屯菴集	미상
88	권헌(權攇) 생몰년 미상	遊小有丘記	震溟集	1849년
89	권헌(權攇) 생몰년 미상	自中庵遊極樂院記	震溟集	1849년
90	권헌(權攇) 생몰년 미상	遊松風亭記	震溟集	1849년
91	권헌(權攇) 생몰년 미상	自石皐遊櫛子岩記	震溟集	1849년
92	박종영(朴宗永) 생몰년 미상	剡東水月記	松塢集	1936년
93	박종영(朴宗永) 생몰년 미상	龍湫記	松塢集	1936년
94	박종영(朴宗永) 생몰년 미상	水淸洞記	松塢集	1936년
95	남공철(南公轍) 1760~1840	遁村諸勝記	金陵集 (卷之十二, 記)	1815년
96	김윤식(金允植) 1835~1922	潤筆庵遠望記	雲養集 (卷之十, 記)	1914년
97	허목(許穆) 1595~1682	彌智山記	記言 (卷之二十八 下篇, 山川)	1692년
98	정약용(丁若鏞) 1762~1836	游水鍾寺記	與猶堂全書 (第一集詩文集第十三卷○文集, 記)	1934~ 1938년
99	정약용(丁若鏞) 1762~1836	游石林記	與猶堂全書 (第一集詩文集第十四卷○文集, 記)	1934~ 1938년
100	정약용(丁若鏞) 1762~1836	游天眞菴記	與猶堂全書 (第一集詩文集第十四卷○文集, 記)	1934~ 1938년

101	채제공(蔡濟恭) 1720~1799	回龍寺觀瀑記	樊巖先生集 (卷之三十五, 記)	1824년
102	김안로(金安老) 1481~1537	德水遊山記	希樂堂文稿 (卷之五, 志)	미상
103	최민열(崔敏烈) 생몰년 미상	花石亭記	宗陽集	미상
104	조임도(趙任道) 1585~1664	開津期會錄	澗松先生別集 (卷之一, [序○説○緣○記])	1744년
105	김매순(金邁淳) 1776~1840	遊華藏寺記	臺山集 (卷七, 記)	1879년
106	박문호(朴文鎬) 1846~1918	峒峽行記	壺山集 (卷之三十一, 記)	1922년
107	채제공(蔡濟恭) 1720~1799	遊七長寺記	樊巖先生集 (卷之三十五, 記)	1824년
108	채제공(蔡濟恭) 1720~1799	登硯滴峯記	樊巖先生集 (卷之三十五, 記)	1824년
109	권윤환(權允煥) 생몰년 미상	九老洞記	梅谷集 (卷之二, 記)	1961년
110	박문호(朴文鎬) 1846~1918	遊上黨山城南岳寺記	壺山集 (卷之三十二, 記)	1922년
111	허목(許穆) 1595~1682	鐘潭水石記	記言別集 (卷之九, 記)	1692년
112	채제공(蔡濟恭) 1720~1799	臥龍瀑記	樊巖先生集 (卷之三十四, 記)	1824년
113	황복성(黃復性) 생몰년 미상	遊長壽坊記	默齋集	미상
114	이건창(李建昌) 1852~1898	潔谷記	明美堂集 (卷十, 記)	1917년
115	이진백(李震白) 1622~1707	艮岑東麓西巖形勝錄	西巖遺稿 (卷之下, 雜著)	1710년
116	이하곤(李夏坤) 1677~1724	遊普門庵記	頭陀草 (冊十二, 雜著)	미상
117	박문호(朴文鎬) 1846~1918	遊沁都觀海記	壺山集 (卷之三十, 記)	1922년